VOLUME II

SPOTLIGHT ON PERFORMANCE

EXECUTIVE INSPIRATION

FOR

FROM

ONE STORY MADE ME THINK OF YOU.
HAVE A LOOK ON PAGE

FÜR

VON

BEI DER GESCHICHTE AUF SEITE
HABE ICH AN DICH GEDACHT.

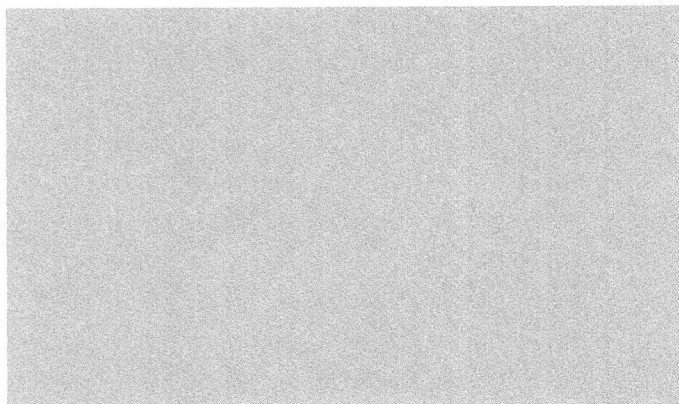

VOLUME II

SPOTLIGHT ON PERFORMANCE
EXECUTIVE INSPIRATION

DR. CHRISTIAN MARCOLLI

TABLE OF CONTENTS

INHALTSVERZEICHNIS

FOREWORD

Welcome to Volume II of *Spotlight on Performance*. The rationale for this book is exactly the same as for Volume I: to inspire executive excellence. But, of course, the content is completely new.

By way of background, let me explain that for several years I have been publishing a series of quarterly essays entitled *Spotlight on Performance*, providing insights, advice and inspiration to leaders in the corporate world. The response I've received has been amazing, both in terms of a constant stream of moving reactions and feedback from readers and an ever-increasing number of subscribers. I soon realized that my messages strike a chord with leaders all around the world. It was this popularity that prompted me to publish Volume I of these essays in 2018 and now this book – to bring together every edition of *Spotlight on Performance* and maximize the benefits they can bring to leaders everywhere.

Each book works on its own, so if you have not yet read Volume I, I can still recommend it to you. Volume II provides a collection of key insights and perspectives from my own work with world-class performers in the past five years, from business champions and sporting superstars. It includes my reflections on Roger Federer's sensational tennis career and his year-long coaching from Severin Lüthi, Manuel Akanji's triumph with Manchester City in soccer's UEFA Champions League, and Yann Sommer's brilliant performances as one of the world's top soccer goalkeepers. There's also my perspective on Michelle Gisin's second consecutive Olympic gold medal in skiing, despite a mononucleosis infection, and on the strategic guidance of her sister Dominique, also an Olympic champion.

My passion is as strong as ever. I want to help you – as a senior executive, business leader, entrepreneur or somebody who is about to step up to the top in the corporate world – to achieve your highest level of performance and become a true champion. And then I want to support you in sustaining and expanding this success in the long term. What matters to me is enabling you to aim high and achieve your goals, in life overall and not just professionally, in a healthy, enjoyable and even playful way.

Above all, my intention is for this book to inspire you – and for you to use it freely to inspire others. As with Volume I, if a certain story reminds you of someone you know who could benefit from it, I encourage you to pass the book on to them. If you do, just email me straight afterwards and I will be happy to send you a new copy free of charge (spotlight@marcolli.com).

I wish you many inspiring moments!

Christian Marcolli

Willkommen zu Band II von *Spotlight on Performance*. Der Grundgedanke dieses Buches ist genau derselbe wie bei Band I: Es soll Sie zu Spitzenleistungen inspirieren. Aber der Inhalt ist natürlich komplett neu.

Zum Hintergrund: Seit mehreren Jahren veröffentliche ich regelmässig eine Reihe von Essays mit dem Titel *Spotlight on Performance*. Diese verfasse ich für Führungskräfte, EntscheidungsträgerInnen, UnternehmerInnen und für alle, die kurz davorstehen, in der Business-Welt ganz nach oben zu kommen. Mein Ziel: inspirierende Einblicke und Anregungen zu bieten. Die Resonanz darauf ist äusserst positiv. Ich erhalte viele berührende Reaktionen und es gibt eine ständig wachsende Zahl von AbonnentInnen.

Ich realisierte schon früh, dass meine Botschaften bei Leadern auf der ganzen Welt Anklang finden. Dies hat mich 2018 dazu veranlasst, alle bis dahin veröffentlichten Ausgaben von *Spotlight on Performance* in einem Buch zusammenzufassen und damit den Nutzen zu maximieren. Und jetzt folgt der zweite Band.

Band II enthält eine Sammlung der wichtigsten Erkenntnisse und Perspektiven aus meiner eigenen Arbeit mit Weltklasse-Performern in den letzten fünf Jahren, von Business-Champions und Sportstars. Er beinhaltet unter anderem meine Reflexionen über Roger Federers sensationelle Tenniskarriere und das langjährige Coaching durch Severin Lüthi, Manuel

Akanjis Triumph mit Manchester City in der UEFA Champions League und Yann Sommers brilliante Leistungen als einer der weltbesten Fussballtorhüter. Des Weiteren habe ich Michelle Gisins zweiten Olympiasieg in Folge analysiert, den sie trotz einer Mononukleose-Infektion erreichte, unter anderem auch dank strategischer Leadership ihrer Schwester Dominique, die 2014 ebenfalls Olympiasiegerin wurde.

Meine Leidenschaft ist so gross wie eh und je. Ich möchte Ihnen dabei helfen, Ihr höchstes Leistungsniveau zu erreichen und ein echter Champion zu werden. Darüber hinaus möchte ich Sie dabei unterstützen, diese Erfolge langfristig zu erhalten und weiter auszubauen – sowohl beruflich als auch privat.

Ich hoffe, dass dieses Buch Sie inspiriert. Es ist auch dafür vorgesehen, dass Sie es an andere Menschen weitergeben können, die Sie selber inspirieren möchten. Falls Sie also beim Lesen an jemand Besonderen denken, lade ich Sie ein, das Buch weiterzuverschenken. Schreiben Sie mir danach einfach eine E-Mail und ich sende Ihnen gerne kostenlos ein neues Exemplar zu (spotlight@marcolli.com).

Ich wünsche Ihnen viele inspirierende Momente!

Christian Marcolli

DON'T DO IT ALONE

In various previous editions of *Spotlight on Performance*, I have shared some of the key insights and learnings from working with world-class performers that are relevant to outstanding executive performance. One of these factors is the support an individual gets from people around them. I'll use this edition to explore this in more detail and explain what you can do to create great support networks of your own.

It's tough at the top

First, it's important to recognize the full scale of the challenges you face as an executive, business leader, entrepreneur or someone about to get to the top in the corporate world. Your role is anything but easy. If it were, many more people would be capable of stepping up to become a senior executive or CEO. These challenges typically include:

- A highly competitive business environment
- Constant commercial and technological change
- Adverse economic circumstances
- High pressure to perform
- Intense stakeholder scrutiny
- Enormous workload.

And this is just the start! I am sure you can think of even more challenges, including some that are specific to your own industry or organization. With so many obstacles to overcome, many leaders reveal to me that their lives can be lonely because they feel that very few people, if any, share their heavy burden or face their challenges.

The truth is that "doing it alone" is indeed very tough. I am not saying that you cannot get to the top and achieve great things alone. It is possible. But the price can be high. Sooner or later, it will probably take its toll in the form of diminishing personal energy levels, lack of shared (emotional) rewards and the feeling of isolation.

It will be much easier to deliver high performance sustainably if you are inspired and backed up by a diverse range of people who believe in you, who are fundamentally on your side and who want you to succeed. It will be healthier and less exhausting if you have people "in your camp". The good news is that there are steps you can take to make sure you are not on your own.

Here are some ideas on how you can systematically build a strong support system to help maintain excellence over the long term. To start, I recommend that you take a piece of paper to visualize the following four key areas of support – put yourself in the middle and then write down the names of supporting people in separate boxes around you:

1. Team support

This applies, of course, to the direct teams that you assemble and lead. You will derive great personal benefits from building and maintaining high-functioning teams. First and foremost, it is key that your direct team, your Team #1, is highly functional. You need to deliberately invest time and effort in:

- Building trust – be a role model of both vulnerability and resilience
- Mastering conflicts – embrace the diversity of team members and define conflict norms to co-create great decisions
- Achieving commitment – engage everyone to emotionally buy-in and own decisions to ensure executional discipline
- Embracing accountability – address difficult conversations early, providing regular feedback and support for each other
- Focusing on results – making collective success the absolute priority.

Commit to providing each team member with your maximum support. This will generate motivation, teamwork and, above all, trust from your teams. This, in turn, will maximize the chances of them returning their support and loyalty to you, which are essential for you to lead successfully.

2. Home support

Beyond the teams you lead, I recommend taking a deliberate approach to invest in and build up strong support at home. Clearly, "home" can be very diverse, from single people to couples and families. But whatever your personal situation, creating a supportive and trustworthy environment among partners, family and friends requires some specific actions too. I go into a lot more detail about this in my book *More Life, Please!* including the following:

- Having a large network of many people is great, but having strong trust and real support from a few people is more critical. Make sure you have at least one person with whom you can be completely yourself and share the stresses you are under.
- Prioritize family and friends who you want to stay connected to over the long term.
- Think of the specific needs of others. There is no better way to build trust and support than to give to those around you.
- In times of stress or need, instead of reaching only in, don't be afraid to reach out to your most trusted family and friends.
- Ritualize meaningful interactions that will ensure strong bonding and great moments together. It is not the amount of time we spend with each other that matters most, but the quality of the moments we experience with each other.

Having a network of people outside work who support and love you unconditionally is immensely important to feel safe, protected and at peace. It will allow you to let go and recover more efficiently during periods of massive stress. Furthermore, very often you can rely on the "home" people for honest, constructive feedback that will help you keep things in perspective. They will fuel your life, your heart and your confidence.

3. Professional support

The third key area is your extended professional network. The demands you face will only get greater as your career takes off, with increasing pressure to deliver, so it is vital to establish strong relationships with a number of people beyond your direct teams who can:

- Guide you with specific expertise, knowledge and insights
- Be a great sparring partner for you to "bounce ideas"
- Inspire and motivate you
- Fuel your creativity
- Embrace your vulnerabilities
- Go the extra-mile for you if needed.

This network can include experts in your field, mentors and coaches – people who will challenge you, in a supportive way, to think differently or "outside the box". Again, here, it's crucial to recognize that you need to invest time and effort to build up the extended professional support system and expand it as you move into new roles.

My advice on how to cultivate such a network starts with keeping a list of people outside your workplace and home life who inspire you most. Make it part of your routine to look at the list every second week to plan one or two actions: going for lunch, scheduling a call, keeping in touch. Deliberately take time out to interact with these people to gain fresh perspectives.

17

DON'T DO IT ALONE

4. Support from your leaders
Finally, I would like to encourage you to invest and build a strong relationship with your own leaders. Especially your connection with your direct leader is one of the most important relationships. Having your leaders fully on your side and backing you up is a key foundation for your success. The quality of the relationship you have with your leaders will significantly influence your levels of confidence, courage and determination. Understand the challenges and stresses that your leaders are facing and show empathy over their human strengths and vulnerabilities. Do everything you can to help your leaders be successful. Be trustworthy in your interactions and reliable in your actions.

Responsibility brings rewards
At the core of all your support networks is your passion, commitment, honesty and desire to make a positive impact. It is your own positive characteristics that will attract amazing people to support you and share your journey. And remember, to maintain the highest level of support, you must always take full responsibility and be accountable for actions and outcomes – especially when things don't work out as expected. Nourish your key relationships and never take them for granted. Keep investing in them, help and support the people in your support networks and regularly express your gratitude to those around you. In return, they will always respect, trust and share the journey with you. They will always be on your side.

Wishing you great success!

FROM VERY GOOD
TO GREAT – LIKE
MANUEL AKANJI

From time to time in *Spotlight on Performance* I've addressed the question of what separates a very good performer from an outstanding one. Often, the world of sport can answer this for us because it shows so vividly how certain key factors make all the difference.

And the good news? Some of those same factors apply beyond sport, so by learning what they are, business leaders, executives and entrepreneurs can raise their own game from being very good to outstanding.

Footballing excellence

Take the world of football (or soccer in the US). As someone who had a first career as a professional football player, I am still very much connected with the game. However, you don't have to be a big fan of the sport to recognize that some players and teams are very good, while just a few are outstanding. Right now, Manchester City are masterful. They have a squad of fantastic players, terrific teamwork, superb staff and, in manager Pep Guardiola, world-class coaching and leadership. Their performance on the pitch demonstrates beyond reasonable doubt that they are currently amongst the absolute best club teams in Europe and the entire world.

Among City's many fine players, Manuel Akanji – who I will call "Manu" going forward – is one who has taken his level of performance into the category of "outstanding". Since September

FROM VERY GOOD TO GREAT

2022, when City signed him from Borussia Dortmund in the German Bundesliga, Manu has played a key role in the team's success – which has included winning the remarkable treble of the English Premier League, the FA Cup and, for their first time, the UEFA European Champions League.

I have been Manu's performance psychologist since 2020. Back then, Manu was already an excellent player. Having worked closely with him, I've seen at first-hand how he has managed to raise his level even further.

First, let me tell you briefly just how good he has been and what an important part he has played in Manchester City's wonderful run. From September '22 to June '23, Manu has played in 46 games for his new team – 29 in the Premier League, 11 in the Champions League, and 6 in the FA Cup. In the same period, he has also played in additional 11 games for his national team, Switzerland, including the FIFA World Cup in Qatar. What has stood out in Manu's performance this season are his:

- **Accuracy:** In the Premier League, he ranked as the leading player in passing accuracy, with 93.3% of his passes completed successfully.
- **Versatility:** He has played not only in his main position of central defender, but also as a defender on the right and on the left, if needed by the team. This has required a variety of footballing skills, but also a massive desire to help the team succeed whatever it takes, a growth mindset and a willingness to adapt.

- **Focus and executional discipline:** In his entire Premier League season, Manu committed only 24 fouls on opponents and picked up just four yellow cards – which is very few when playing in so many matches, especially for a defender.
- **Impact on the team:** In all Manchester City's Premier League matches involving Manu this season, the team won an average of 2.5 points (out of 3). And in the UEFA Champions League, the team did not lose even one match in the entire season.

His manager and coach, Pep Guardiola, has often praised Manu's adaptability and tactical understanding, commenting in the media: *"It proves again that intelligent people always pay off. Manu has made a huge impact since he arrived. Again the club made an incredible decision with him. When you are intelligent, I didn't know him but you realize immediately, I only had to tell him once and he knows it, the movement defensively at set pieces. He did it perfectly. It's a gift for a manager, a gift."*

Based on Manu's performance data, researchers at *Opta Analyst* even picked him for their "Premier League Team of the Season".

Performance context at the very top

The conditions Manu faced when joining Manchester City in September 2022 may appear at first glance to be potentially challenging because of:

- **Internal and external standards:** The players are expected to perform exceptionally in every match. There is constant scrutiny from a large global fan base and worldwide media coverage.
- **Team composition:** The team is comprised only of outstanding players, almost all of them being a key figure for their national teams. There are at least two world-class players per position.
- **Intensity:** As a world-class team, Manchester City invariably advance in every competition. Their season will therefore be longer, and their number of matches will be significantly higher than for most other teams – and the time to recover and prepare will be shorter.

So, what did Manu do to have such a successful season? The answer lies not only in his immense football talent, but also in his holistic approach to sustainable high performance.

A winning mindset and mental preparation are key

To be ready and prepared to succeed, Manu preferred to regard the performance context and the conditions at Manchester City not primarily as challenging but as overflowing with possibilities and opportunities. He saw that:

- Having the privilege to play alongside some of the best players in the world is highly inspirational.

- Being scouted and selected for one of the world's best football organizations, one that attends to every detail to achieve success, is highly motivating.
- Playing under a leader and coach who values team-player qualities, intelligence and mental strength is highly encouraging.

Building on this, a key part of my work with Manu was to be ready to grasp opportunities. We worked on his mindset to not only further build resilience but also maximize focus, mental strength and determination, so he would be the best that he could be and, ultimately, be able to compete successfully in huge matches for multiple trophies.

Become a Business Champion

In business, as in football, it is often only fractions that separate outstanding performers from very good ones. The reasons for fractions may be difficult to spot, so a thorough reflection based on holistic diagnostics can be a key starting point for this.

Whether you are an executive, business leader, entrepreneur, or up-and-coming corporate talent, there is nothing to stop you from adopting the winning mindset of a Manu or creating the inspirational performance context of a Manchester City – whatever your chosen field.

FROM VERY GOOD TO GREAT

What we can all learn from Manu:

- **Aim high.** Being around the best in the world is very likely to be the inspiring environment that will help you rise even further.
- **Build resilience and focus.** By working on your mental toughness, you will maximize your chances that you will be able to cope with the intensity at the highest level and deliver great performance.
- **Be versatile and adaptable.** Embrace the fact that you may be needed for a variety of tasks. See the bigger picture and always put the team and the organization first. It's not all about your own success in the first place. Use your adaptability and intelligence to perform well in a variety of areas if required.
- **Find peace in yourself.** Have confidence in your capabilities and don't compromise on your values. Know what you are worth and what value you can bring.
- **Prove critics wrong.** At some point, there will probably be some people who will tell you things like "This is not for you" or "You won't make it there". Build a strong team behind you, executive with the highest level of precision and accuracy, prove your critics wrong and be a champion!

YOUR EXECUTIVE
DEVELOPMENT

As leaders and executives, we all know that it is one of our priorities to constantly grow and develop in this ever-changing environment. One aim must be to define the right areas where your executive development should be focused on. A thorough reflection based on holistic diagnostics can be a really good basis for this.

Finding specialist support

Finding the right expert coaches to accelerate your development with the right input and advice is key. You don't need to have made all the relevant experiences yourself to be successful. Actually, you can learn a great deal from others – I would go as far as to say that, with the right experts on your side, you can gain up to several years of advantage over others who need to find their own way based on their own experiences alone. Here, it's worth noting the often-cited statistic that it takes around 10 years to build advanced expertise in any field. Well, in my experience, if you partner with the right experts and coaches, this timescale can be significantly shorter.

One challenge in your executive development is making the impact of new input from expert coaching programs last a long time or, even better, changing behaviors for the better forever. Why are so many people not very successful in implementing new behaviors?

YOUR EXECUTIVE DEVELOPMENT

I'm happy to tell you that the solution isn't a mystery. It lies in adopting the behaviors and techniques, connecting them to your "emotional why" – your deeper purpose, and then persevering with them until they become second nature and, ultimately, bring rewards.

Let me explain this more fully by describing just one of the techniques that I use in my coaching: transitioning from work to home – and back again. This can be done with a short meditation you can learn, so you don't just turn up potentially mentally and emotionally ill-prepared for your new environment. It works like this: If you've had a busy day and your head is full of work-related issues, take a few minutes before you connect with your private world to prepare yourself for how you want to show up and be when you get there. Then, take three to four minutes and focus only on your breathing. Reduce your breathing frequency so that you signal to your brain that there is no threat or stress anymore. Then, visualize yourself behaving positively in the new environment. And now, with this positive mindset, start to connect with the people in your private environment. You can use the journey home to make the transition, maybe on a train, or park your car somewhere close to home to do the activity – or you can do it in your home office whenever you decide that you will spend some quality time with your loved ones. It is so important to ensure that you don't just walk in and find yourself suddenly thrown into family or relationship situations that you are not ready to face.

Conducting this transition will detach you from work and connect you most positively with home in the evening, and vice versa in the morning. Like this, it will be easier for you to make a difference and enrich other people's lives on a regular basis.

Embedding new behaviors

If you want to implement this as a new behavior, I would like to congratulate you on the decision to do so, but I also need to tell you that I have some bad news. With every change like this, there is a period where the benefits of the new functional behavior are not yet visible. In this period, which lasts for approximately three months of daily application, most people give up on the new behavior because they don't think it's working for them, because they don't yet feel the positive impact or the effect of the new behavior. Actually, emotionally, it may even feel worse than before – at some point, you may think that the time and effort put into this is not worth it. It may work for other people, but not for you.

Well, let me tell you that this is the same for everybody. All of us need to go through this period where we don't yet feel the benefits of a new functional behavior. Especially in this initial implementation period, the key thing is for you to regularly connect the new behavior with your deeper purpose and to activate your willpower. Do it for three months, every day, no matter how you feel, knowing that it will serve you in the long term. Every time you complete it, feel good about yourself because you trained your willpower. Remember, after three months of daily application, the positive effects of the new behavior will start to click into place.

Ritualizing a behavior in this way, by practicing it daily based on connecting it to your purpose and activating your willpower, makes all the difference by embedding it. What began as a mental exercise will now 'stick', becoming a massive benefit to you and to those around you at home and at work.

Over the years, I have worked with many senior leaders and executives, in parallel with my work with world-class athletes, offering them personalized coaching in numerous techniques such as transitioning. The analysis of the coaching work has been very insightful and extremely encouraging. It indicates that the executives have significantly more energy, are much more engaged at and outside work, are more productive and know better what routines allow them to completely recover in stressful periods. The vast majority established at least one good habit following the coaching program – such as better focusing on the most relevant and value-adding activities, taking deliberate actions to manage relationships better at work and at home, or even things like getting the correct, individually calibrated amount of sleep to be fully energized.

Achieving lasting benefits

Crucially, our research has found that our techniques are not a short-term fix. Their positive outcomes are maintained regardless of how much time has elapsed since their participation in the coaching program. Over 80% of executives consider the program to have made a significant contribution to their ability to sustain high performance. A similar proportion say it has made a significant contribution to their personal health, fitness and wellbeing and that it has helped them harmonize their professional life with their private life. Many executives have achieved promotions in the wake of the program. Invariably, they say the benefits of the program have lasted, and they believe they will continue to last.

You can do this too. Set yourself up with the right approach and mindset for your growth. Make it intentional. Seek support. Above all, make it stick – for the benefit of yourself and everyone around you.

GAME, SET AND MATCH
TO ROGER FEDERER!

GAME, SET AND MATCH TO ROGER FEDERER!

I'm sure that, like me, many of you have recently seen Roger Federer's emotional retirement from professional tennis at the 2022 Laver Cup in London. The event marked the end of an era for tennis, and also the post-match scenes were truly moving and memorable – even for people who are not close to Roger or big fans of the sport. Everyone I've spoken to who witnessed the situation, either inside the O2 Arena or on TV worldwide, was touched by it.

I was privileged to be there. It was a special moment for me too because I had worked with Roger in the early phase of his incredible career. I had attended his first-ever match on the ATP tour in Gstaad on July 7, 1998, and now I was present to see one of the greatest careers in the history of all sports draw to a close.

Roger and Seve

The evening had an additional personal and professional connection for me. I was particularly moved by the lengthy, intense locker room hug that took place between Roger and his long-term coach, Severin Lüthi, just before the match. Seve has worked with Roger for the last 15 years, preparing him for more than 900 matches. Meanwhile, for the last 13 of those years, I have had the privilege of working with Seve as his executive coach and 'sparring partner'.

GAME, SET AND MATCH TO ROGER FEDERER!

At the day of Roger's last match in London, I asked Seve how he felt about Roger's retirement. He replied, *"I feel sorry for Roger – he would have wanted to play forever"*. It was so typical of Seve's selflessness and generosity as a mentor and coach to think only of his protégé, with not a word about himself, even at a time when he knew that things would never be the same for him either.

As an aside, let me share Seve's great sense of humor with you. Before the crowd was allowed into the O2, he took the chance to step alone onto the court. He took a photo of himself waving to the empty stadium and then posted it on Instagram with the comment: "Have to take the time to thank all my amazing fans – you are the best!". So funny (I think)! We can only imagine the many jokes he must have shared with Roger over the years!

Roger and Rafa

For his last competitive appearance, Roger wanted to play doubles with his longstanding rival and friend Rafael Nadal. His wish was fulfilled and then justified by the pair's high level of performance. Despite many injury problems in recent months, Roger was fully focused and determined and played really well. Although Roger and Rafa narrowly lost a close contest, everyone could see and share their immense joy at being able to play on court together – on the same side of the net for once!

Of course, most of us know of Roger's unparalleled achievements. But what struck me again, as it has so often in the past, is how he delivered his performances: his passion for tennis; his level of precision; his ability to surround himself with people he trusts for advice and support; his authenticity; being at peace with himself; and his highly disciplined yet playful approach.

What an inspiration for us all!

As a result, no-one should be surprised that Roger's rivals have always had enormous respect for him. Which brings us to his tearful farewell in the company of the greatest of those rivals, Rafa, who has also become Roger's friend and who insisted on being there for him despite complicated personal circumstances.

A huge range of emotions

The curtain finally came down on his stellar career, with Roger in tears and Rafa sitting beside him, supporting him at this moment. Rafa was so emotionally involved that he too was crying and holding Roger's hand. It was wonderful to see people so connected and united, especially when Roger's wife, children and parents also came onto the court.

As these events unfolded in front of me, I felt incredibly moved. I struggled to understand my unique range of emotions, settling on the incongruous idea of attending a funeral without anyone having died. There was sadness, but also celebration. I felt loss, but also gratitude. It was a beautiful moment.

Help others to succeed

While that peak of emotion has passed, it has crystallized in the thought that every effort taken to help others succeed, and to leave a legacy in this way is worth it. So, if you are in a leadership position and you have the ability to influence and inspire others, continue to perform at your personal best, and be generous in your words and deeds. Be there for others and do everything you can to help them succeed. It's worth it!

IT'S A GOOD TIME TO
TAKE BACK CONTROL

IT'S A GOOD TIME TO TAKE BACK CONTROL

As I write this edition of *Spotlight on Performance*, many business leaders (at least those of you in the northern hemisphere) will have recently enjoyed a summer break. If you are among them, I hope you've had a chance to relax, recharge, and reconnect with your loved ones.

Whether or not you've just returned to today's demanding world of work, it is this incredible intensity of modern business life that is the topic I'd like to address in this issue of *Spotlight on Performance*. That's because I sincerely believe the pressures on leaders now are greater than they've ever been before. Let me explain why.

Just a few years ago, in one of my books, *The Melting Point*, I discussed the many stresses on business leaders, including "always-on" business culture, which have been hugely accelerated by forces such as globalization and advances in communication technology. Here's a flavor of what I wrote:

"The notion of a 'global village' is now reality. We're clicking our way to a huge online marketplace, an ever-expanding social network, and a more streamlined work environment, with business colleagues in another continent as accessible as those in the office next door. And all because technology has revolutionized the way we communicate."

"This means the lines between work and play are becoming blurred. The technology's flexibility is undeniable – we are

41

freed up to work at home, and we can now be productive wherever we happen to be. The problem, however, is that we're not 'switching off' ourselves. And that lack of downtime contributes to elevated levels of anxiety and stress."

Now consider the fact that I wrote all this a few years before COVID-19! Think how these pressures are so much greater now, particularly with working from home being much more common.

Of course, as we adjust to a post-pandemic landscape, not all companies continue to offer their executives the option to work from home. Some take a flexible approach, allowing or encouraging some home-based work, balanced with some days in the office. But I also work with companies where their people now work remotely 100% of the time.

As a result, many of you are likely to be consulted instantly whenever something needs your input, however large or small, whether that's on workdays or weekends. Such demands, on a regular basis, can leave your mind constantly occupied, less able either to concentrate fully on the task ahead or disconnect completely in the limited time you can have away from work.

Thankfully, there are some steps you can take and techniques you can apply to mitigate these pressures. I would like to suggest an approach for you that is not only focused on coping with this intensity, but much more importantly, on helping you grow, both personally and professionally.

As my book explains, the "melting point" is the point at which perceived pressures become too much and lead to dysfunctional behaviors (or even breakdowns). My goal for you is to raise your melting point to the maximum, enabling you to become more robust to the extent that you can perform with playfulness and have an amazing life, even under highly pressured circumstances.

One of the ways you can do this is by properly "disconnecting". Rituals at the end of the working day are key to helping you achieve inner calm, a clear head and, most importantly, the right frame of mind in which to experience a deep connection with your family, friends and people outside of work. Disconnecting in this way will also help you gain the high-quality sleep necessary for your sustainable high performance. Whether you work from home or not, you need to mentally transition between the worlds of work and home. I strongly recommend a form of meditation to help you when you stop work in the evening (which is a subject I've covered in another *Spotlight on Performance*).

Equally important is regaining control over technology. I recommend putting all devices away in one specific room at home, like your dedicated office or computer room, so they don't intrude into your personal and family life when you decide that you're not working (unless there is an emergency, of course). Developing a habit like this may take time to get used to – approximately three months before it becomes automatic – but it really does help you focus on the "here and now" from the moment your leisure time begins.

Overall, I would like to inspire you to build and establish ten key behavioral patterns, which will give you the concrete guidance you need to stay cool under intense pressure and deliver sustained world-class business performance. In addition to disconnecting, mentally transitioning between work and home, and regaining control over technology, these patterns also include:

- Defining your deeper purpose, visualizing it on a daily basis, and being inspired by it
- Systematically preparing for your key performance moments, so you can be at your best when it matters most
- Making progress on a daily basis on the key topics that only you can move forward
- Adopting good habits to save at least 30% of your energy for life beyond work
- Establishing boundaries by introducing rituals for improved focus
- Building up reserves for constant personal and professional growth
- Pro-actively managing work-related politics
- Creating and cultivating a supportive network of inspirational people.

In today's post-pandemic, always-on world, these patterns are more relevant than ever.

Wishing you every success as the year advances.

BE DETERMINED
TO ENJOY «MORE LIFE»

BE DETERMINED TO ENJOY «MORE LIFE»

As many of you know, I am extremely passionate about sustainable high performance in the corporate and athletic worlds, about great teamwork, and about creating healthy and productive cultures so that people can become truly extraordinary.

And there is another thing I am equally passionate about: creating and maintaining healthy relationships and exciting family lives while succeeding in professional roles that carry massive responsibility.

In my experience, it's very easy for business leaders to pay (too) little attention to their private lives, which is understandable because they tend to be incredibly dedicated to and preoccupied by their work. Professionally, there is always "unfinished business" that can keep their minds occupied. Even when with family and friends, there is the potential to be mentally absent because of the distraction of work-related issues.

In this part of the world, summer has arrived and many of you will take some time off for holidays. This is a great opportunity to continue to build and maintain great relationships with your family and friends. It is these close personal bonds that are part of the strong foundation you need for success and fulfillment, not only in your career but in your whole life.

Summer is a great time for me to introduce you to some impactful techniques that can help. You can, however, consider these actions day in, day out, all year round, not just in the holiday season. My aim is for you to not only be highly successful in delivering amazing performance at work, but to do it in an enjoyable, playful and sustainable way that is entirely compatible with a happy and fulfilling life at home.

This approach forms an integral part of my work with senior executives and business leaders, and some of them have recently been willing to share their experiences in interviews so that others can benefit from their experiences. So, let's look at some key techniques through their eyes:

Transition from work to home

"I am somebody who gives everything at work, so I would go home and just slump in the evening. I wouldn't have much energy left for my family or to connect with friends.

Christian taught me how to transition into the 'home zone', so I don't just turn up. After a super busy day, my head is usually very full. I take a little time to think about how I want to show up in my private life – how can I enrich the lives of my loved ones today? How can I create positive emotions? I use a ritual to transition from businesswoman to wife, mother and friend.

The ritual is: I consciously close down my computer and pause for a moment of reflection. I close my eyes and start with a short meditation, where I do some minutes of conscious breathing and visualize myself joyfully interacting with family members. Only after this, when I am peacefully connected with my 'best side', do I approach my family and connect with my friends outside work."

Hold family meetings

"Christian was able to show me that I could include the kids more in my thinking. He helped me see the need to understand their expectations of me and to express my expectations of them. Now, every week, before we start our Sunday night dinner, we hold family meetings. Here is how we do it:

Each of us will go through our schedules for the upcoming week. We all share our challenges. As both of us parents – my wife and myself – have big jobs, we discuss when our most important things are happening and how we feel about them. The same is true with the kids – they share when they have tests at school and any other things that they want to go well. We then talk about how we can help and what we can all do to support each other best. These family meetings have been amazing for us: they've brought us closer together and created more understanding of each other's challenges on an ongoing basis. It's definitely removed friction. We all feel that we're 'in this together', that many things are within our control, and that we have each other's backs. It's also helped us to avoid getting stressed about things that might not be perfect but aren't all that important. It's truly helped us to be happier as a family."

BE DETERMINED TO ENJOY «MORE LIFE»

Grow within your family

"When working with Christian, I learned that part of bringing peace to yourself, your family and your home is to accept what we are and what we are not. Create a healthy climate in your home full of feedback, input and discovery. Admit your mistakes and weaknesses as a spouse, parent and friend. Allow your kids to let you know what they would wish to see more of. Be a role model in terms of both giving and receiving feedback.

To achieve this, Christian recommended that every 3–4 months we give meaningful feedback to each other. So, everyone in our family now prepares a few questions in advance for each of the others. For example:
- *What do you like the most in me as your spouse, as your mother/father? What do you think are my best sides?*
- *When spending time together, do you feel that I am fully there, engaged and present most of the time?*
- *If you had a wish for me, that would make me a better spouse/ mother/father or us a better family, what would it be?*

This ritual has impacted us very positively. It has brought us much closer together, keeps us honest, and allows us to grow over time. I realized how a climate of open feedback creates peace in the long term for us all."

Enjoy "more life"

These are just snapshots of how it's possible to get more from life at home as well as at work. One of my books, *More Life, Please!*, can provide you with lots more practical advice on this. But the key thing to remember is that, ultimately, it's up to you to take responsibility for enriching your life and the lives of the people around you, not only at work but also in private space.

So, this summer, why not make a conscious commitment to bring to your home life the same professional dedication to excellence that you bring to your work? Take positive actions to nurture healthy relationships with your family and friends.

Wishing you many exciting and memorable moments!

SETTING THE GOLD
STANDARD – LIKE
MICHELLE GISIN

I would like to dedicate this edition of *Spotlight on Performance* to an amazing athlete, Michelle Gisin, who recently accomplished the incredible feat of winning a gold medal at her second successive Winter Olympic Games.

As if this wasn't a big enough achievement, Michelle's journey to her second Olympic gold this year came despite having to overcome the huge setback of suffering from mononucleosis in 2021. More on this in a moment.

A True Athlete

I have been working with Michelle as her performance psychologist since 2015, so let me provide a little more background about her. Michelle is one of the most complete Alpine skiers in the world. She has appeared on the World Cup's podium in every discipline – Slalom, Giant Slalom, Super G, Downhill, and Combined – a remarkable feat in modern Alpine skiing today, which has seen competitors increasingly specialize in one or two of these disciplines.

Most impressively, in 2018, at the Winter Olympics in Pyeong-Chang, she became the first Swiss woman to win gold in Alpine Combined. To mark this achievement, we wrote a book, *A True Athlete*, together with her sister and coach Dominique, who is also an Olympic ski champion. The book charts Michelle's journey to what we all imagined would be the pinnacle of her success.

SETTING THE GOLD STANDARD

Yet now, four years later, Michelle has surpassed even 2018 by becoming Olympic champion again at the recent Games in Beijing. After having won the bronze medal in Super-G, she won the Alpine Combined event by more than one second – a significant margin in ski racing – and a fantastic achievement that catapults her into the highly exclusive circle of world-class athletes who have won gold at back-to-back Olympics.

This alone is magnificent. But when you discover the tortuous path that she had to follow to reach it, it is truly awesome.

Adapting in adversity

Michelle ended the last skiing season third in the world rankings. She achieved this strong standing by competing in almost every race in each discipline, building up a huge number of great results and ranking points. Because Michelle was one of the athletes who competed in the most races, the burden she performed under was almost uniquely intense compared with most of her competitors who specialized in one or two disciplines. A key focus of my work, therefore, was to help her manage her energy as effectively as possible.

In July 2021, Michelle suffered a major setback that had an almost catastrophic impact on her energy levels. She was struck down by Pfeiffer's glandular fever, also known as mononucleosis, a disease that results in fever, sore throat, enlarged lymph nodes in the neck, and severe tiredness that can last for months. As Michelle commented in the media at the time, "If I practice my usual program, I notice more and more that I have no energy and that I'm extremely tired. There are days when I lie flat in bed and don't take a step."

Michelle's fatigue continued for months, making normal training impossible. As the illness lingered, she had to go through a highly stressful period when she suffered serious doubts about whether or when she would fully recover.

Eventually, her health improved, but even so, she had to conserve her strength by significantly reducing her training workload. Overall, we calculated that she could only complete approximately 25-30% of the training she had originally planned. There was no way she could take on the sort of tough daily routines that her rivals were able to maintain.

For Michelle to compete, we knew we had to do something radical. We definitely had to think 'out of the box' to find a solution. I said to her, *"If the conventional way is not going to be possible, you will have to do things differently."* We decided the only way we could make up for her reduced energy level was through highly specialized physical training and by working even more with her mindset.

We substituted much of Michelle's initial training plan with daily mental exercises and meditation. I worked with her on issues such as letting go of her original plans, setting new mini-goals, mental rehearsal of the ski runs, creating positive emotions, and visualizing success. The Olympics was our ultimate focus and, despite all the disadvantages that her illness had brought, we connected all these beliefs so that Michelle was in the right place to defend her Olympic title in Beijing on February 17, 2022.

She did it! Imagine the joy we all felt when Michelle crossed the finish line as the defending Olympic champion.

After the Olympics, Michelle didn't stop. She continued to per-form like a true athlete in the following world-cup races. As a result, almost too good to be true, Michelle finished the season 2021/22 as the world's number five in the overall rankings.

What can leaders learn?

Here are some lessons we can all take from Michelle's story:
- Rigorously manage your energy to build up a strong foundation for sustained high performance
- Think through a robust strategy that will lead to success
- Work on creating a winning mindset
- Create positive emotions on an ongoing basis
- Be ready to adapt to changes and setbacks
- Let go of plans that won't work anymore
- Stay confident that there is still a route to success
- Visualize success

Be a champion

In today's ever-changing business environment, it is more important than ever for leaders to learn the skills of a healthy, winning mindset. It is the foundation for overcoming all the obstacles thrown in your path.

Do it like Michelle Gisin: prepare like a champion, adapt like a champion, perform like a champion.

IGNITE YOUR
INSPIRATION

Is your daily workplace always the same spot in your house or apartment? For many of you, I'm sure it is. During the COVID-19 pandemic, business leaders have been among the many people who have been working from home. For some executives, this situation may become permanent. Others may return to the office, but even then, it's likely to be a gradual process and perhaps for only part of the working week. On top of this, most of us haven't been traveling. It all adds up to our working environment – and probably our daily routines – staying unchanged, and this seems likely to continue.

Of course, many of us welcome homeworking, finding that we can combine high professional performance with a less stressful lifestyle. Indeed, in previous editions of *Spotlight on Performance*, I've written about some of the benefits and opportunities of such an environment, as well as sharing some practical tips on how to be most productive in these circumstances.

But there is one area that I haven't yet covered and which I believe merits particular attention, which is the challenge of staying inspired and creative when you are working alone in conditions that hardly ever change. Of course, as a leader, you must not only sustain excellent managerial performance but also come up with inspiring ideas and innovative strategic thinking. So, in this edition, I would like to share some of my thoughts on how you can nurture your creativity and ignite your inspiration.

IGNITE YOUR INSPIRATION

Find an inspiring "thinking space"

Because the physical environment in which you work will have a significant impact on your creativity, I recommend that you block out half a day per week for highly important strategic tasks. In this "thinking space", you will be able to focus your mind on the most important issues, the things that create the most value for you, your teams and your organization.

Making significant progress on tasks and projects will generate fresh momentum towards your desired outcomes. Importantly, it is also fundamental to maintaining your own high level of motivation. You will feel inspired and in control while also enthusing others around you.

The reason for this is that it's difficult to move important things forward if you are constantly distracted or interrupted and can only work on the most important tasks for half an hour here and there.

I recommend the following ritual: create your weekly three- to four-hour block of focus time in your thinking space, potentially in a different location from your home office or office, which will help you mentally designate it as a special time. If possible, choose somewhere that inspires you (subject, of course, to your options and your current COVID-regulated context). One of my clients, for example, has chosen a corner of the National Library, every Friday morning from 8–12am.

Get "in the zone"

Once you have decided on the best time and place, you need to become fully focused – in much the same way that top athletes get "in the zone" when performing at their best. To help achieve this productive mental state, I recommend that before you settle down in your thinking space, you:

1. Take some physical exercise before (such as a run, workout or Yoga)
2. Practice a short meditation
3. Deter interruptions, for example, by turning off your phone and hiding your email inbox.

After your weekly focus session, schedule a coffee meeting or lunch with an inspiring colleague or contact. This will give you an additional boost. You will feel highly engaged, energized, motivated, and full of ideas.

Talking of inspiring people...

Here is an incredible chance to meet two Olympic ski champions: Dominique Gisin and Tina Maze.

You may know that I have written a book with Dominique, *Making It Happen*. A couple of weeks ago, the book was out in English, and now we've created a Limited Special Box, which includes one English and one German edition, together with a personally dedicated and signed card from Dominique and Tina.

IGNITE YOUR INSPIRATION

Win the Golden Ticket

One Limited Special Box, out of a total of just 500, will contain a Golden Ticket, winning a wonderful day in the Swiss mountains with Dominique and Tina. The prize is for four people, so the lucky winner can invite three friends, colleagues or family members. (I will be there too, but the experience of skiing with me won't be as exciting!)

This is an excellent opportunity to:

- Get out of the (home) office and onto the beautiful mountain slopes.
- Meet two highly inspiring people – Dominique and Tina TOGETHER.
- Learn of the strategies they each deployed to win their Olympic gold medals.

To order the book or the Limited Special Box,
visit dominiquegisin.ch

Wishing you great inspiration and success!

THE BRILLIANT
PERFORMANCE OF
YANN SOMMER

THE BRILLIANT PERFORMANCE OF YANN SOMMER

Congratulations to Switzerland goalkeeper Yann Sommer for his outstanding performance at the UEFA EURO 2020 (2021)!

I appreciate that not all of you reading this are Switzerland supporters or even football fans (I am both if you didn't already know!), but please keep reading, because the performance of the Swiss national team – and especially Yann – at the UEFA European Championship provides inspiration and important lessons for us all.

So, first of all, what happened? Well, for the first time in over 50 years, Switzerland reached the quarterfinals before losing by the narrowest of margins to highly-rated Spain.

The whole Swiss team played fantastically when they knocked out the reigning world champions, France. Yann's performance was one of the highlights. He is widely regarded as one of the best goalkeepers in the tournament. Not just because he made a brilliant save from star striker Kylian Mbappé in a decisive penalty shoot-out, but for his consistent excellence over all incredibly intense matches.

The value of mental preparation

We can find inspiration in Yann's performance, and there are practical lessons we can learn too. Here's how...

THE BRILLIANT PERFORMANCE OF YANN SOMMER

For athletes, people expect to see a lot of physical training, concentrating on both fitness and technical skill. But Yann has always stressed how much difference the mental side can also make – and that's why I have had a close collaboration with him for the past 10 years.

Here's what Yann shared in an interview a few years ago, contributing to my book *The Melting Point:*

"It is very important to work mentally in my sport and that was why I first decided to work with Christian. I did not have a specific problem, but I felt that if I could improve by maybe five percent, that would be a lot in football, because we are already performing at a high level. I was sure that I could be better when I worked with my head."

Yann never feels that he has reached a stage where he doesn't need to do more. On the contrary: for more than 10 years, he has been determined to put in more effort to maximize his mental and emotional readiness. He is so ambitious because he knows that at the top level there is a very fine margin between success and failure.

In the interview, he talked about being mentally prepared for the pressure of big changes or events, for example, when he moved to a major club, Borussia Mönchengladbach, in Germany:

"Coping with the pressure is the most important thing in our business. When I decided to transfer to Germany, into a bigger league, to a bigger club, there was more media, more spectators, more pressure. At this point, it was very important for me to work with Christian, so I would be prepared for this. We spoke about what could happen in Germany, what people there would think about me, what would happen to me, and how much pressure I would be under. We spoke about everything, and he prepared me for everything."

The key points in my work with Yann have often been when he has a significant new experience coming up, not just the move to Germany, but also when he was selected for the national team or when he was about to play in a major tournament like the World Cup or the European Championship:

"These were the major events in football that I wanted to specifically prepare for with Christian, and he has helped me a lot with them. For example, we've created a 'check-in' and 'check-out'. So, before a game, I do a check-in, that means I change from the person I am to the goalkeeper I am. It is a small meditation where I think about situations in the game. We built a story together, so I have some situations in my head – what is important for me today and how I should play today."

"It's important to know I have something that helps me to concentrate and to think about what can happen during the game or during an event. I can do it in every situation."

THE BRILLIANT PERFORMANCE OF YANN SOMMER

"After the game, I do the check-out and that means I go from goal-keeper back to person, and that helps me to switch off, so I can relax and be stress-free."

Be at your best

Mental preparation is just as important for business leaders as it is for top athletes like Yann. It is a key skill to develop to help you cope with major events and pressures, so you too can be at your best when it matters most.

In principle, the check-in activity is the same as the one practiced by Yann, enabling you to activate a "best version of yourself". The key elements are:

1. Identify what "being at my best" looks like – what are your five main characteristics when you are at your best?
2. Breathing exercises (lasting 2-3 minutes) to center yourself.
3. Visualization – imagine yourself "being at your best" in your performance environment.
4. Bring this highly positive emotional state along and act out the best version of yourself as a performer or leader when it matters the most.

Learn to disconnect

I think the main reason why great athletes keep their ambition and their "edge" is because they have learned how to completely disconnect when they need to. As Yann has described above, they are able to be "off" on a regular basis.

"Sport is my business, and family is my private life, and I have never had a problem to switch between the two things. With my family, I'm always easy and relaxed because sport is a different thing for me. I'm calm even after a mistake. This is very important because if you can't switch off, it is not healthy!"

Yann has learned to live completely "in the moment". This allows him to disconnect from football when he's not training or playing. And that's one of the reasons why – after so many years – he is so curious and hungry for ongoing optimal performance.

The same thing can happen for you!

Have a great summer.

GET IT DONE
FOR THE TEAM

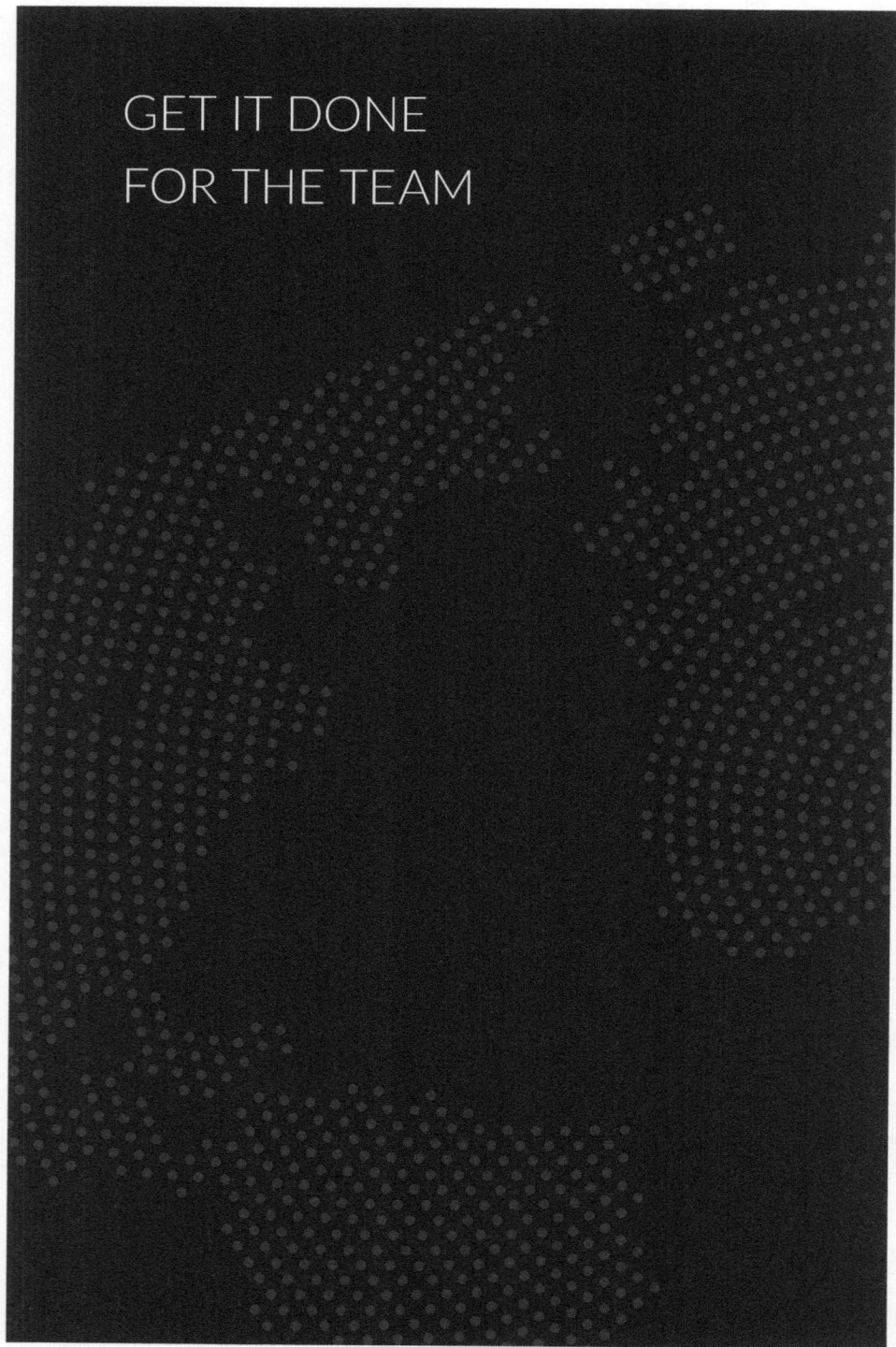

In past editions of *Spotlight on Performance* I've drawn on a couple of examples from the world of elite sports to highlight important lessons for business leaders. That's because great athletes compete on a very public stage, so we can all see and admire the qualities that enable them to triumph, often under intense pressure. We are inspired by their mindset and determination, and we can learn from them because many of the behaviors they display are equally important for success in business.

"How much is down to teamwork?"

In my keynote talks, when considering the success of world-class sports stars, I often get asked by business leaders how far such great individual performance is down to teamwork. The answer is a lot – probably much more than you think.

Success in individual sports is often viewed one-dimensionally – as a performance delivered by a single outstanding athlete. That's understandable because, of course, as spectators we only see the executed performance by the athlete that takes place in the stadium or on the track. But this view is highly superficial. In so many cases, a massive amount of work, involving many different people, takes place behind the scenes, by amazing coaches and experts, working together in an extraordinary display of teamwork. I have witnessed this in the past with sports champions such as Roger Federer in tennis and Dominique and Michelle Gisin in skiing.

GET IT DONE FOR THE TEAM

Now, I've just seen it again – with Simona de Silvestro.

Staying focused on execution

Simona is one of the few female drivers in the world of motor racing. She was recently described in the media as "probably the best all-round woman driver in the world". I have been working with her over the last couple of months in preparation for her season, particularly for the 'Indy 500' race in Indianapolis.

Now, for those of you who are not so familiar with the demands of this sport: the IndyCar Series is one of the world's toughest motor-racing competitions and the dominant form of the sport in North America. In particular, the Indianapolis 500 is by far the biggest race in the IndyCar Series. The prestige of the Indy 500 is illustrated by the huge crowds it draws. When it took place in May this year, it was the world's biggest sporting event since COVID-19 emerged, attracting 135,000 fans, despite being restricted to approximately 40% capacity because of the pandemic. The grueling 500-mile (800 km, 200 laps) event lasts approximately three hours, with five pit stops, and sees the cars reaching speeds of around 230 miles per hour (approx. 370 km/h).

It takes extraordinary mental strength to withstand the massive intensity of the speed and direct competition from the other cars, to stay focused, take advantage of opportunities and to execute a pre-agreed race plan in such an adrenalin-charged environment.

What made this year's race even more special – and brought even more expectations – was that Simona was chosen to be the lead driver for Paretta Autosport, the first female-led IndyCar team, where over 70% of the personnel are women. This was a historic moment in the male-dominated world of motor-racing.

Historic appearance

Simona's reputation has not come easily. It has taken many years of dedication to get where she is today. Now 32 years old, she has also shown enormous courage. To give just one example, in 2011, she received second-degree burns after a mechanical failure caused her to crash during practice for the Indy 500. The accident saw her car sailing into the catch fence before flipping and landing on its left tires. Just two days later, she returned to qualify for the race in a back-up car, clocking a four-lap average speed of 224 mph (approx. 360 km/h).

Paretta's historic appearance in this year's race ended at the final pit stop because of an unfortunate technical hitch that also affected other drivers. But not before Simona and the Paretta team had proved it had become a powerful force at the highest level.

GET IT DONE FOR THE TEAM

Even to qualify for the Indy 500, Simona showed she had the ability to withstand massive pressure. As you may know, qualifying for the race is a significant achievement in itself, with each driver having to earn their spot on the grid the weekend before the actual race. For this, Simona needed to be within the first 33 cars of a super-tight field.

Doing it for the team

Simona has built up the capabilities to deliver outstanding performance when it really matters. But there is something about her that I have found even more impressive than her driving excellence and her mental resilience – she is a true team player.

This struck me when I spoke to her after this year's successful Indy 500 qualification. The first thing Simona said in our de-brief conversation was: *"You know, everyone worked so hard on the team, I wanted to get it done for the team."*

Like Roger, Dominique, Michelle and other great champions, Simona is highly aware of the team supporting her and feels a strong responsibility to deliver her best performance, not only for herself, but also – and especially – for her team. It is the opposite of ego, status or arrogance. It is the expression of the humility of a true athlete to know that they cannot succeed alone, to not only acknowledge the valuable contribution of others, but actually to be motivated to perform and succeed for their team and their organization.

What we can learn

There is a very important lesson here, for those of us in business as well as those in sport – striving to perform well for our team and our organization.

In today's 'celebrity culture', it is fashionable to laud and elevate individuals, often ignoring the valuable contribution of others. Instead, try to focus primarily on the overall success of your team and your organization. In doing so, you will strongly motivate yourself to deliver your best performance. At the same time, you will be sparking the co-creation of synergy – a powerful multiplier effect, inspiring the people around you to work for each other, for the team and the entire organization to achieve outstanding overall success.

Simona has shown us we should believe in ourselves, pursue our passions, be confident and strive for big goals. She has become a motor-racing figurehead, a role model for girls and women, and an inspiration to us all. And she has done it all by being a team player.

Wishing you lots of success!

MAKING IT HAPPEN – LIKE DOMINIQUE GISIN

Many of you know that, for many years, I have supported the champion skier Dominique Gisin as her performance coach and sports psychologist.

The pinnacle of Dominique's extraordinary skiing career saw her famously fight back from serious injuries to win a gold medal at the Sochi Olympic Games in 2014. More on this in a moment.

Since retiring from professional skiing, Dominique has neither lost her competitive instincts nor the mindset of a champion. She has continued to challenge herself and to excel in other areas, including completing a university degree in astrophysics, gaining her pilot's license, and contributing to good causes, such as serving as an ambassador for the Red Cross. In addition, Dominique won the accolade of Swiss "sportswoman of the year", was voted one of the five most inspiring women in Switzerland, and has been invited to share her story at numerous events, such as Talks at Google.

It is a great privilege for me to continue to work closely with Dominique and to share my perspective of her inspiring story in our joint keynote presentations and in our co-authored book *Making It Happen*.

MAKING IT HAPPEN

Making It Happen,

which was first published in 2015, has already been very successful and is now in its third edition in German, but it has not been available in English – until now! I am proud to announce that we have just published the book in English – making it accessible to a much wider audience around the world.

I invite you to read this book. If you do, you will surely marvel at Dominique's incredible resilience, agility and determination in the face of extreme adversity. And you will be able to benefit from her story as a source of inspiration, especially at difficult times in your career and perhaps also in your personal life. As Dominique writes in the preface:

"I dedicate this book to all people who have not yet been able to follow their path straight to the top. To all those who have suffered setbacks. To all those who are fighting hard to achieve their dreams. And to all those who have fallen hard and who are close to giving up. May this book give you confidence, hope and inspiration to continue bravely on your own path and make your mark."

Mindset of a champion

Let me give you a flavor of the mental and emotional strength that underpinned Dominique's transformation from an injured and rejected athlete to a great champion.

Dominique had multiple knee operations as a teenager, leaving a huge shortfall in her experience compared with her rivals. Despite this, she managed to fight her way to qualification for the Vancouver Olympic Games in 2010. Then, in Vancouver, she was on course for a medal when she tumbled, crashed, and ended up with a severe concussion. Most experts thought her career was over, with this latest disaster coming on top of so many previous injuries.

Incredibly, she fought back again, to reach the Sochi Games four years later. To the media, Dominique confessed: "Qualifying for those Games was probably the hardest challenge of my career. I was thinking about quitting." She didn't just qualify – she won! And her moment of victory could not have been more emotional or more tense, because, for the first time in history, two women tied for the gold medal in this event, crossing the finish line with identical times measured to 1/100 of a second.

Transformation is key

The other gold medalist was Tina Maze, a legend in Alpine skiing, who still holds the record for the most points won in a season. In order to achieve such excellence, Tina had to get comfortable with the two very fast disciplines: Downhill and "Super G".

MAKING IT HAPPEN

Tina kindly contributed the foreword to *Making It Happen*, where she gives a personal insight into her own transformation to become one of the most complete skiers the world has ever seen. Let me share some of her words:

"Even today, I can hardly believe I am a Downhill Olympic Champion, because I started out as someone who was afraid to crash, even to be fast, someone who was definitely afraid to jump. I still remember Dominique looking at me during the Olympics in Vancouver, where I controlled my speed before the jumps with a slide... what a shame that was. But I was so afraid to be fast and jump far, while Dominique would do jumps easily and control the 'flying session' without a problem. I would say to myself: Of course she can do flips, and flops, helicopters with skis, she is a pilot – I am not!"

"Anyway... I became a downhiller through lots of training and teamwork. So, to stand on top of the podium four years later beside Dominique was like, "Hell YES! We deserve this!" It felt so RIGHT for everyone involved!

"And guess what... I am crying! I admired Dominique as someone special from the moment I saw her, and she continues to be herself 100%."

What a beautiful way for Tina to describe the emotions that came with such a significant turnaround.

What can we learn?

Such transformations do not happen by accident and they always come with emotions and fears. Tina mentions "lots of training and teamwork", while Dominique has admitted to moments when she looked for an excuse not to compete because of her fear of failure and of further injuries.

Dominique's and Tina's transformations are relevant for everyone who has the desire to perform excellently. OK, so we can't all win Olympic gold medals, but we can strive to adopt the mindset and the methods of these two great champions to achieve gold-standard performance in our own field. Behind their success are important lessons for all of us:

- Set big goals. Think about what you really want to achieve. What does success look like for you? What will make you reach your potential and make you feel fulfilled? For Dominique and Tina, nothing less than Olympic gold was enough.
- Deal with your fears. Dominique and Tina were able to recognize what was holding them back and "reset". What are you fearful of?
- Work hard on yourself. Even the greatest champions put in a lot of effort to get comfortable with what initially doesn't feel right. Roger Federer remodeled his approach after he had already won 17 Grand Slams! It took a lot of training, but he has since won three more. So, what do you need to work at?

MAKING IT HAPPEN

- Build an amazing team. Dominique, Tina, Roger – none of them could have succeeded without the skills and support of others around them. So, seek out the experts who you can fully trust and who can help you excel.

No matter where your passion lies, you can make the difference and achieve excellence, even becoming the best in your field. (And, by the way, many of the same lessons can also be adapted and applied to your personal life, helping you find health, happiness, peace and fulfilment there too.)

You can do this – go for gold!

BUILD A COHESIVE
LEADERSHIP TEAM –
VIRTUALLY

BUILD A COHESIVE LEADERSHIP TEAM – VIRTUALLY

"It feels like I've known you all longer and I've built more trust with you than if we worked in the same office together!" This is what a member of an executive team I have been working with commented to wrap up our recent session. It was not the first time that I had heard this.

The challenge

More than ever, during the Covid-19-period, leaders have reached out to me to ask whether and how they can build a cohesive team in a virtual format.

Some of them are hesitant to take action as they say it will not be possible to create the same emotional bond as if they were physically together in the same room. They believe the opportunity to connect during the breaks and over a dinner cannot be replaced. And "getting" people's non-verbal language over the screen is difficult.

When I then check in with the leaders to ask what they find hard about virtual teamwork, they say:
- They miss energy recharge from office interactions and corridor discussions
- They need to invest more time to get to know people
- It is more difficult for new team members to integrate and build strong working relationships
- How do we celebrate successes digitally?
- There is more room for misunderstanding

- Communicating in a bi-dimensional way – without the face-to-face advantage of clear verbal and physical cues – requires (too) many emails to ensure clarity.

I get it. But these obstacles can be overcome.

Planning the virtual approach

I have been working with leadership teams that have never met in person. In fact, the quote at the beginning comes from a member of an executive team that has never met in person. They have created such strong cohesion that I believe it will inspire you to do the same with your teams.

If you choose the right approach and run the virtual sessions in a considered and well-structured way, it will lead to similar outcomes as if you met face-to-face: each team member focuses more on collective results, embraces accountability, achieves commitment, masters conflict, takes part in healthy debates, and further builds trust.

Here are three key elements for you as a leader to consider:

Make it personal:
Invite and allow team members to share their personal stories and backgrounds – things that have affected their view of the world. The more that team members understand about each other, the more they will be respectful, inclusive and embrace

diversity. The virtual format has the advantage that you can ask everyone to prepare this in advance, for example in PowerPoint with pictures, making it as visible and tangible as if you were face-to-face. This is especially effective in bonding global teams where people come from or operate in varied countries and cultures.

Empower your team members:
Ask them to lead some aspects of team building. For example, select a few volunteers to run some breakout sessions where a small number of team members come up with proposals for the entire team before bringing these back to the team to finalize together. Such proposals could include the key rules of engagement in the virtual context or how the team will support the onboarding of new members. The virtual format has the advantage of making the breakout group highly engaged and focused in its discussions, as there are only a few people involved. In addition, the chairing of the groups is shared among several shoulders, avoiding excessive workload for any individual.

Ensure continuous feedback:
Strengthen relationships by scheduling short one-to-one Zoom calls between the team members to give and receive feedback on what they appreciate, what they can do differently or better, and how online collaboration can be improved even more in the future. The virtual format enables these calls to take place in a personal way, with nobody else around to distract

participants or overhear them, and therefore allowing them to be honest, constructive and highly productive.

Make a difference

As a successful leader, you know that simply doing nothing with your team – especially during these unprecedented times – would not be a wise decision. Not only would this ignore your people's needs for a sense of belonging and motivation to achieve constant progress, but it would also risk you falling behind other teams that act decisively to adapt to change and turn it to their advantage.

In challenging times, it falls to you as a leader to set the right tone. Your decisions will create new opportunities. Your actions will make a difference. Especially with your teams.

A CHAMPION'S
MINDSET

Even if the personality traits of top performers and leaders are sometimes very different, there are certain abilities and attitudes they all share no matter what – their overall mindset. For instance, this includes the ability to be mentally and emotionally in control and to stay focused on a goal. It also entails the capability to act with confidence and creativity. And that's something that can be learned. This has been one of my specialties as an executive and performance coach, since the end of my career as a professional footballer over 20 years ago.

Key advantages

On the one hand, there are some very powerful psychological techniques, which need to be acquired in a highly individualized process, to perform at the highest level. This will result in strength of nerve and mental resilience – key advantages during intense periods and when a person is under maximum pressure to perform.

Mastering the psychological performance techniques is just one piece of the puzzle. What's equally important is to internalize the related insights, break with existing dysfunctional patterns and make lasting positive changes. You must admit something to yourself: "The way I've done things until now won't take me any further. I have to change something."

Many leaders (and athletes) are highly aware of the rift between dreams, goals and reality in this regard. They know they must take personal responsibility and rarely need to be reminded of this. The intention to make a change usually doesn't need any prompting either. What's much more difficult is the HOW and, specifically, the WHAT? What should I do differently now, and how do I figure this out?

Inspiration and creativity

If you don't find the answer yourself (which very few people do), this is where inspiration and creativity are needed. During my work with top leaders and world-class athletes, I have noticed a key difference between the good and the best. It lies precisely in understanding that even a formula combining the perceived discrepancy between dreams, goals and reality with the pressure to perform and a roadmap for action will not automatically lead to a change of habits. Rather, it takes another key trait: the desire to systematically build up the mindset of a champion, with inspiration and creativity.

This is why many clients who find themselves in a challenging situation reach out to collaborate with me. One particular thing I ask them is, "If you look at what has happened so far, and at the current situation, how would a champion act now?" I encourage them to talk about some people they truly respect and admire, who they would call champions, and have them describe strategies and actions from their perspectives. The impact of this dialogue is very often highly productive, inspiring a completely different mindset. The individual becomes confident, courageous and decisive, and taps into their own sources of motivation. This provides the basis for them to achieve extraordinary performance.

**This applies not only to great performers,
but also to outstanding leaders and coaches**

While researching one of my recent books *The Melting Point* I asked the opinion of Severin Lüthi, Roger Federer's long-standing tennis coach and head coach of the Swiss Davis Cup team that won the Davis Cup in 2014, with whom I have been collaborating for many years. Severin shared several great insights (which are all in the book, by the way), and here's how he describes his own mindset as a coaching champion:

"If you want to make it to the top and stay there, you need to be able to make improvements. You need to reflect on what you can do better because perhaps what is a good solution today is not the right solution in two months or a year. You must always try to approach the problem differently, to not be afraid to adapt even when things have proved to be working in the past. For example, it is very interesting for me to hear what works well in other sports, and to get familiar with different approaches. These ideas are very inspiring.

Personally, I can be strong-willed, and I recognize that I am not always a guy who likes to listen to others. However, I have learned the value of being open to input and criticism. It has helped me to

A CHAMPION'S MINDSET

find a very compelling approach towards my work at the highest level: I look at it in a similar way as the players look at playing the game. I realized that with a lot of passion and strong will-power alone, I wouldn't be a great coach. In order to stay at the top of the game for many years, I had to find my own approach that had similar components to those of the players at the highest level. So instead of doing the job of a coach, I look at it as 'playing my best coaching game'. Chris has helped me develop this attitude."

Mindset and top performance

As a leader, I encourage you to use your full performance potential and aim for extraordinary achievements. When you do this with a champion's mindset, you will be giving yourself the best chance of success. And while doing this, you will automatically become a role model and inspiration for others – when they are in challenging situations and someone asks them what a champion would do, they will think of you!

All the best – Be a champion!

LEADERSHIP IN
UNPRECEDENTED TIMES

The COVID-19 pandemic has had a massive impact on our lives in an unbelievably short time. Just a few months ago, it would have been difficult to imagine such sweeping, collective changes to the way we work and live. We have had to adapt to a new situation seemingly overnight, without any playbook for how to handle the challenges and uncertainties of this extraordinary crisis.

Many new challenges – at work and at home

As a leader, your workload may have increased, or your work may have greater urgency as a direct result of the current situation. A consequence could be the need to rapidly pivot, shift priorities, and rethink strategies, plans and deliverables. You must, in parallel, master new ways of working, communicating and connecting, as in-person teams become virtual ones. Rhythms and schedules have been upended, each day may be unpredictable, and it may be difficult for you to switch off. You are also expected to be present for and supportive of your teams in a different way from before, knowing that they are also coping with their own individual challenges.

Outside your professional sphere, you may also be feeling burdened by additional demands, such as organizing the kids' studies and family activities or looking after elderly parents.

So much rapid change and so many new challenges, at work and at home, may lead to you being more stretched and more stressed. You may find yourself more easily distracted, anxious or prone to negative emotions than usual. You may not be sleeping well or have trouble maintaining the healthy habits and routines that you normally rely on to stay productive and focused. You may be worried about yourself, friends or loved ones, and if you live alone, you may feel isolated.

Accelerate your adjustment – Some things to consider

I have often been gratified to receive feedback from leaders who have been helped in tough times specifically by two of my books: *The Melting Point* (how to build up resilience as a leader), and *More Life, Please!* (how to lead the family so that you can all experience great moments together on a regular basis). I believe that these books can be great sources of support, so let me share the most important tips from each one that may be particularly helpful for you in these unprecedented times:

Mentally transition between "work" and "home"

Take a few minutes of silence at the beginning of each day to get mentally and emotionally ready to be at your best. For example, do a simple 5-10 minute meditation to clear your mind. Start with five minutes of relaxed breathing and then "check-in" with your strengths, reminding yourself of your best side. Make it your specific aim to be at your personal and professional best in these troubled times. Do the same check-in later in the day, when you transition back from work to home life. You will connect better with people in both worlds. Apply this ritual daily, in particular when you are working from home.

Focus on and recognize incremental progress

The key to sustaining high motivation is feeling that you are making progress on key issues. This means reserving dedicated time for these on a daily basis. In the morning, write down everything you need to do during the day. Select one or two things from the list that will make the biggest difference. In cycles of 45 minutes, do nothing else other than work on this specific task. Plan for at least two of these "focus cycles" per day. You will then make progress and experience satisfaction rather than mounting pressure.

Disconnect from work devices in the bedroom

Carefully protect some private space in your home, preferably your bedroom, where no electronic devices can be kept and no business-related tasks or conversations can take place. This space must be reserved for rest and recovery only, to offset the demands and stresses of work. Only make exceptions for business emergencies.

Meet, communicate, support

Hold pre-arranged family get-togethers, ideally every day at the same time. Here, you and your loved ones can agree and commit to shared activities ("family highlights of the day"), which can create many great moments. Equally important, these meetings can be used to plan and share chores fairly and efficiently, helping all family members avoid stress and friction. It takes some effort to create a supportive and trustworthy environment in a family. If possible, arrange to have meals together.

Offer regular, thoughtful support to family members and ask for support back from them. This exchange informs each other's attitudes and behaviors, making you all emotionally stronger through meaningful, constructive feedback, and building an unbreakable bond between you.

Take care of your own needs

Take care of yourself – including diet, exercise, sleep and "me time". This isn't selfishness. When we are listening to the emergency procedures on a plane, we are told to put our own oxygen masks on before putting them on our children. In this scenario, taking care of ourselves first is so critical it could save the lives of the people we love most. Similarly, as partners and as parents we can only be what we need to be in our families when we love and take care of ourselves.

Be your true self

Too often, our interactions with others are based on fear, with our defenses high and our authenticity low. Within a family, life's challenges often become even harder. Don't hide from them, but be your true self. Verbalize your vulnerabilities and capitalize on your strengths. If you mess up, apologize and look for a solution to put things right. This is a new situation for most of us, so don't expect to do everything right from the beginning.

Please reach out if needed

My work helps leaders successfully handle numerous personal and professional challenges. It is more relevant than ever in the current crisis:

- Establish how to be most productive when working from home.
- Stay a source of inspiration and motivation for your people.
- Re-align your teams to maximize their efficiency and effectiveness.
- Embed your own healthy habits and build up your resilience.
- Create the right conditions to enjoy harmony and great times at home.
- Regain the assurance of being in control of your life – at home and at work.

Stay strong in these unprecedented times – and please do not hesitate to reach out if I can support you.

Go for it.

HARNESSING YOUR TOP PERFORMERS FOR TEAM SUCCESS

Richard, one of my clients, recently faced a special kind of challenge. Two years ago, he hired Stella for a vital role in his organization. In a short period of time, Stella became an outstanding performer. She was, and remains, absolutely on top of proceedings – and at the top of her game. She is knowledgeable, driven, and knows how to connect the dots.

Speedy transformation

From the very first day, Stella went through the Executive Performance Transformation– from "drawn in", via "obsessed" and "ready for success", to "playful" – significantly faster than most other people could. As a result, she delivers top results confidently and consistently. She embraces both her own stretch goals and the company's wider culture. She prioritizes appropriately for overall success and never shies away from putting in extra effort when needed. Within the first few months of working together, Richard realized that Stella was a lucky find and that she added enormous value to the organization. Consequently, he increasingly involved her in the company's strategic decision-making and asked her more often than others for her specific input. The whole business benefits from Stella's ideas and achievements.

Appreciation and resentment

The team, of course, recognized Stella's outstanding performance. Gradually, however, there were other voices – some resentful comments about her, rather than just appreciation and respect towards her. Some colleagues began to ask: "Do Stella's ideas and opinions count more than ours?", "Does Stella get special treatment?" or "Are we being outstripped by Stella?" Richard, as a leader, faced a special kind of challenge: He needed to continue to reward and encourage Stella in order to go on harnessing her outstanding contribution, but, at the same time, he needed to calm emotions and change perceptions within the team in order to avoid the team becoming dysfunctional and correct the perceived imbalances.

Leveling the team's imbalance

In one of our coaching sessions, Richard and I discussed two approaches that he consequently pursued in parallel:

- Richard regularly and explicitly expressed gratitude and appreciation towards Stella for her exceptional attitude and performance. With that, he avoided any risk of her feeling that her efforts were being taken for granted. In addition, he explained that he had the very highest expectations of her when it came to her team behavior. Every other week, during their regular one-on-one, he reminded her that, as an exceptional performer, she had a major impact on the team, and was always "under intense scrutiny" from the other team members. He urged her to act as a role model in every respect.

    In team meetings, for example, Richard advised Stella to contribute last to prevent others from feeling sidelined or railroaded. And before making her contribution, she should first comment appreciatively on other members' input: "You made a great point there. That reminded me of..."

- In parallel, Richard acted upon the whole team: He organized a team offsite session, where he pointed out each member's value to the overall success of the business. He particularly emphasized the team player qualities of each individual. Finally, he set up one-on-one meetings between every team member, including himself. After well-structured preparation, each team member shared with each other what they valued especially highly in each other, what the other could change to achieve even better teamwork, and how to support each other even more. On the back of this process, each team member made one personal commitment that would add to the team's strength.

For his own one-on-ones with each team member, Richard asked for direct and candid feedback: Does everybody feel equally appreciated? Does everybody get sufficient opportunity to contribute their ideas? Does everybody feel fully included?

Performance culture and appreciation

I have been impressed by Richard's ability to apply the insights he gained from our coaching session into practical actions. As a result, he has continued to harness Stella's exceptional performance and potential while at the same time establishing a high-performance culture with a spirit of mutual respect, appreciation and support.

Just imagine how things might have turned out if Richard hadn't taken care of both issues the way he did? Before he took any action, Richard and I went through some alternative (unfavorable) scenarios:

- Ignore the team's criticism and resentment:
  > "I don't care about team spirit."
- Put the brakes on Stella, involving her less to avoid the team feeling treated unfairly:
  > "It's most important that everyone feels OK. Never mind the maximum success possible."
- Fail to address Stella's team behaviors:
  > "As long as you, Stella, keep on performing at this level, I don't care about your impact on the team."
- Prevent the team from giving feedback and therefore feeling fully included and equally appreciated:
  > "I don't care about you. Stop whingeing and whining."

Top performers and team spirit

Like Richard, it's possible for you to harness the exceptional potential of individual star performers within your business while simultaneously cultivating a healthy team culture.

Wishing you courage and success in your current challenges.

Go for it.

A TRUE ATHLETE

Michelle Gisin, who I have been working with for a couple of years, achieved an epic feat during the last Winter Olympic Games in PyeongChang in 2018: she became the first Swiss female athlete to win Olympic gold in Alpine skiing combined. Michelle had already had a pretty good chance of winning a medal in the downhill race the day before – which would have been her dream, as her sister Dominique had raced to gold in this event four years earlier at the Sochi Games – but everything turned out differently.

Fighting to the finish

Dominique accompanied Michelle to PyeongChang, coaching her with the utmost care before every race. Michelle was fit, fully trained and mentally prepared. Everything seemed perfect but things went downhill in every way from there.

"Even the very first bends seemed strange," Michelle explained on TV. "I couldn't make the turns and accelerate as usual, let alone stay on my racing line. I fought so hard all the way to the finish line. And what's more, I finally crashed there, sprawled on the ground, my dream shattered. The only thing I could think was: 'I've failed.'"

What had gone wrong? In the first few meters, Michelle's skis had 'burnt'. The iced piste had bitten deep into the edges of her skis, damaging them, so it became impossible for her to stay in control at breathtaking downhill speeds up to 100 mph.

A TRUE ATHLETE

Michelle managed to keep her balance until the finish line, where she finally lost her grip and crashed, suffering severe bruises and a concussion.

As a result of this disaster, Michelle approached her very last race – Alpine combined – under the worst conditions that you could possibly have for an Olympic race.

30 hours that would determine triumph or defeat

There were just 30 hours to go before Michelle's last race, and all hope was focused on her last chance for a medal at the Games. Those hours would make the difference between triumph and defeat. It was Dominique's role as sister and coach, and my task as her performance psychologist, to raise Michelle's morale and confidence, reviving the energy and vigor she still possessed, despite her mental anguish. There could be no doubt or hesitation, nothing could be left to chance. Our coaching and support had to be spot on.

A True Athlete – The Book

Our book *A True Athlete* tells the story of the 30 thrilling hours prior to Michelle's history-making race from three different angles: Michelle's as an athlete, Dominique's as a sister and coach, and mine as their performance psychologist. The book also describes the Gisin-family living strong virtues like loyalty and solidarity impressively. Lots of pictures illustrate what friends and family have known all along: how similarity and diversity combine and unite these exceptional sisters and how they each accomplished the pinnacle of success – Olympic gold medals.

What leaders can learn

The Winter Olympic Games in PyeongChang were a huge learning experience for all of us, especially for Michelle, and the book shares what she learned and how she grew. Here is a taste of the insights the book offers for leaders:

"EVERY PERSONALITY IS MALLEABLE.
HAVE THE COURAGE TO WORK ON YOURSELF
SO THAT YOU CAN BECOME THE PERSON YOU WANT TO BE."

Michelle knows that peak performance stems from vigorous training and constant adaptation, based on a huge investment of energy, time and discipline. It takes courage to walk such a path.

"INVEST IN RELATIONSHIPS
THAT TAKE YOU FURTHER IN LIFE!"

Michelle relies on a strong network that she can count on to support her when it matters most.

Building such a network also takes work.

A TRUE ATHLETE

"LIFE IS ONE CONSTANT TRANSFORMATION.
ENJOY THIS PERMANENTLY UNFINISHED STATE."

Who does not love the joy of achieving? But living only for success is a poor strategy when times are tough. Michelle has learned to appreciate her journey as well as her destination, overcoming obstacles and celebrating every small step towards her goal.

Michelle Gisin embodies all the qualities of A TRUE ATHLETE. I hope her story will inspire you as you make your own journey towards success.

The book is available in four languages: English, Italian, French and German. Order at dominiquegisin.ch and learn more about the new Keynote, in which I am involved, too. Follow Michelle's current skiing season at michellegisin.ch.

Wishing you a happy and successful finish to the year.

EXECUTIVE PERFORMANCE TRANSFORMATION

Jeff could not quite believe his ears when the CEO of his company lauded his efforts and results of the past few months during the leadership team meeting. She heaped praise on him for the enormous progress he had made in remodeling his division.

Flashback: 18 months ago, Jeff had been promoted to managing the division, with the task of strategically realigning and profoundly reorganizing it. This task turned out to be complex and intricate, demanding attendance across five continents – incessantly. Right from the very first day, the board and CEO expected immediate results – with his divisional leadership team reacting dysfunctionally to the overdue reorganization. Despite clear data and detailed explanations, some of the members resisted the necessary change. The pressure on Jeff was immense.

Eager, obsessive, energy-sapping

When Jeff turned to me during this period, he had a vivid recollection of his first weeks in this role. He had been looking forward to working every day, tackling his tasks thoughtfully and vigorously and eagerly learning something new on a daily basis. Regardless of the severe strain, Jeff was enjoying his role and was full of positive energy. But as time went by, the scale of his challenge became clear. Even in those parts of the division that he thought were functional, he found flaws and failings. Departments were working against each other and he

EXECUTIVE PERFORMANCE TRANSFORMATION

was forced to demand information and exert unpleasant pressure in order to make progress. He felt he had to be on top of things 24/7. His initial joy in the role soon turned into an inescapable obsession, sapping his energy and, frankly, making him unhappy.

18 months later

"We owe this to Jeff" his boss closed her summary. *"This outstanding performance in such a short time proves his passion and leadership. We are lucky to have you on board."* After the previous all-consuming 18 months, Jeff lapped up every word. When the meeting was over, his boss invited him for lunch. She asked him: *"I'm about to settle my succession – are you ready to become CEO of this company?"*

Soon after that lunch, during our coaching, Jeff was not sure how to feel about his prospects: *"Do I want this? I'm far from happy."* What had initially fueled him in the company and in his role, the positive energy and joy he had experienced at first, had been substituted by pressure and hassle.

Not experiencing joy is normal

Jeff and I are working on his Executive Performance Transformation, a model I describe in my book *The Melting Point – How to stay cool and sustain world-class business performance.*

At the beginning of a new role, you feel driven and enthusiastic about your new tasks and you are fully motivated to master them to the highest levels (Stage 1, "Drawn In"). After a while, enthusiasm turns into obsession. Duties, time pressure and workload drain you. To keep up with your increasing responsibilities, you work harder and longer (Stage 2, "Obsessed"). The critical turning point of this stage is taking important mental steps forward. This is the hardest task. Your view of your staff, the company, your division or department, and how they are all intertwined alters. Reflecting on your day-to-day work, you see how the business ticks and you learn how to "oil the wheels". Prioritizing decisively, you realize what you must do yourself and what you can delegate.

Once you have mastered this, you are ready for the first big wins. This is a crucial step forward in the Executive Performance Transformation: adjusting perceptions and behavioral patterns patiently and consistently (Stage 3, "Ready for Success"). If you continue to do so, you will reach a point where you can perform with ease – even playfully. Knowledge and experience have shaped your ability to prioritize and focus confidently. This is how you stay cool and sustain world-class business performance. Now, you experience joy again (Stage 4, "Playful").

EXECUTIVE PERFORMANCE TRANSFORMATION

Executive excellence

Jeff is not certain whether his potential promotion is right for him because he is not experiencing joy. He feels things might become worse if he exposes himself to even greater pressure as CEO.

Jeff is right on the threshold between "obsessed" and "ready for success". This stage of his career is not characterized by joy, fun and pleasure but it is a necessary part of his journey to sustainable top performance. It is absolutely normal that this stage contains very little joy, and many executives have a similar experience.

It is not only joy or fun that shows we are in the right game. In fact, willingness to grow and improve is a far more appropriate indicator. We are in the right game when we do not fear crunch time when passionately pursuing our goals. Being passionate about something does not mean enjoying your job all the time. Being passionate about something means not giving up when it doesn't come easy, because we just haven't adapted to our flaws yet, to become ready to perform at a higher level. Being passionate about something means working hard on yourself, developing new insights and behavioral strategies, making smart use of them and executing them. This is true executive excellence.

Moving from "obsessed" to "ready for success" is a make-or-break phase. Instead of stalling in obsession, Jeff must proceed positively through the Executive Performance Transformation Stages. With this knowledge, he can experience both high performance and job satisfaction differently – and better – to bring enjoyment and contentment.

I am looking forward to continuing to support Jeff in this. Maybe he will soon be the new CEO. In this role, he will once again face all transformation stages, but because of his recent experiences, he will walk through them faster, more efficiently, and with even more confidence.

Wishing you all the best on your own personal Executive Performance Transformation.

THE POWER
OF PEP TALK

For team sports, this is currently the period of major finals in many countries all over the world. Many people are looking forward to the UEFA Champions League final and the decisive games in the NBA and NHL, to name just a few. For these games, in particular, the stadiums will be packed, and there will be millions of people watching on TV, looking forward to an exciting spectacle featuring the best athletes in their field.

The media has covered almost every possible story related to the finals, highlighting interesting details to the public that most of the sports' followers have never heard of before.

One of the most important scenes, however, takes place behind closed doors, beyond the media's lenses and microphones, and is kept private. It is when the players gather as a team in the locker room to share a key moment together. It is when their coach is giving the final pep talk to fill them with courage, ambition, determination, and team spirit just before they go out to perform: to swear the team to succeed.

The power of the pep talk

The pep talk is a very powerful communication technique in sports, and few experts doubt its value or significance. It is such a proven source of motivation, enthusiasm, inspiration and vigor. The best coaches in the world know that it is a vital moment for the players, and that these few minutes before the game must be well prepared and highly focused to achieve the desired impact. Failing to provide a powerful pep talk before a big match would be a huge missed opportunity, putting the team at a competitive disadvantage.

Where a sports team differs from a leadership team

There are, of course, some differences between a professional sports team and a leadership team in business. In particular, there is more obvious clarity over a sports team's objectives – they know when they are just practicing, and they know exactly when they must 'show up' and perform in a key match. For corporate performers it is almost impossible to distinguish between "practicing" and "performing" – in fact, "practice" very rarely takes place at all during a normal day at work. In addition, for corporate performers there are constant ongoing demands and they can often be working on several future challenges, whereas a sports team must focus exclusively on the upcoming game (it would be absurd to focus on winning the game after the next). In business, this means that, most of the time, you can be sure that the individual members of a leadership team have some of their own major challenges in mind when they gather for a team meeting. There is always unfinished business keeping them occupied.

What they have in common

But there is one factor that great sports teams and highly successful business teams invariably have in common: a leader who is able to channel and focus the individuals towards collective success. True leaders, therefore, should regularly address their team, creating inspirational, energizing moments, and aligning all team members with the same confidence and optimism around their common purpose. This is very important even at a high level, where capable executives continue to need (and deserve) inspirational moments created by their most senior leaders. (What they do not need are tedious, intellectual speeches that lose all impact because of their length and complexity.)

What you can do as a leader

As a leader, prepare authentic, clear and concise pep talks covering the current situation and future goals of your team. Recognize your team's strengths and achievements, the organization's culture and, most importantly, your team's higher purpose and contribution within the big picture. Five-minute pep talks at the beginning and/or end of some of your team meetings will pull people together and swear your team to succeed.

And don't worry if you have already communicated similar messages in previous speeches – people appreciate it when you repeat the relevant success factors, as this clarity reinforces them with emotional safety and confidence.

Be a continuous source of inspiration for your teams!

I wish you great success.

GETTING THE TEAM
RIGHT FIRST TIME

Not long ago, a client of mine called me. He had just been appointed as a divisional head at the blue-chip company where he had been working for the past five years. He was now responsible for 2,000 employees and a budget of over $100 million. He was more than pleased about his promotion and wanted to share his good news with me, but he confided that the new role also raised challenges for him. In particular, he needed to engage and align all members of his team, and make them pull together – a task that seemed all the more daunting because some team members had also had their eye on his role.

Facing a new challenge

My client's concerns centered on two questions. Firstly, how could he gain acceptance from, and motivate, his team – including the executives who might begrudge his leadership? Secondly, how could he put a stop to unproductive attitudes and behaviors in the team, when he had been part of the same group himself until now? He felt that these issues were too important to leave to chance, and he was not willing to "just give things a bit of time to work out", as some of his colleagues had suggested. He said to me: *"This is a big job, Chris. I need an in-depth focus from an external point of view. Our internal HR people are too close to everyone involved and too steeped in their own ways. This is about getting it "right the first time!"*

GETTING THE TEAM RIGHT FIRST TIME

Success as a logical outcome

An external expert is neither influenced by embedded corporate culture, nor part of office politics and alliances. They bring a neutral perspective, specialized skills and extensive experience, which can lay the foundation for the robust strategy and stable structure needed for a strong, sustainably high-performing team. When it comes to setting up a strong leadership team, I identify three different types of leaders:

- The Manager of Individuals: adept at coordinating distinct skill sets and motivating individual staff members to match specific goals and fulfill given tasks; but less effective at managing larger groups and more complex tasks.
- The Administrator of Work Groups: strong at managing group tasks, arranging team members in efficient structures, typically focused on a process-driven approach; but less skilled in developing strong relationships and synergistic collaboration.
- The True Leader: able to match tasks with personalities within a genuine team, merging varied individuals into effective team members to create lasting synergies; with reaching goals and exceptional achievements being the logical consequence.

80% fail at bonding

My client's biggest concern was about "bonding" – truly bringing his team together to work as a unit. Many of you will be familiar with the following scenario: initially, members of a recently-formed team interact in an apparently pleasant, obliging way with each other, but beneath the surface each individual is striving to maximize their advantage over each other, pushing their own agenda within the new organizational environment.

We needed to create a strategy to turn superficial harmony into genuine, highly effective collaboration. By realizing he needed assistance, and calling me, my client had already shown leadership ability. True Leaders know their own limitations, and invest strategically in external expertise when necessary. He wanted to set up his leadership team systematically from the start, preventing his team from being among the 80% that fail to bond in "forming".

Making change happen

We designed a 12-month Team Excellence program to build an effective team as quickly as possible, to avoid negative behaviors damaging business performance before the team had bonded successfully. The program consisted of:
- Three specialized offsite sessions to bring the Leadership Team together, away from day-to-day pressures

GETTING THE TEAM RIGHT FIRST TIME

- Team meetings that I joined and analyzed
- Strategic coaching calls and one-on-one meetings I held with each team member.

This approach enables me to not only interact regularly with the leader and the team members, but also to provide continuous, external, objective feedback on team dynamics. Moreover, I experience my client "in live action" as a leader, and can provide him with feedback on his leadership behaviors and impact. We can make adjustments to the process as needed, and prepare inspiring speeches to kick off the sessions. They are the ideal occasion to give praise and express appreciation as well as address doubts and concerns frankly.

True leadership

A True Leader's goal must be to transform a group of people into a proper team, where loyal and supportive members enable solutions and give each other energy, rather than draining each other by fighting for their own ends.

My client impressed me most with his courageous strategic thinking, by resisting the pressure to jump straight into daily business, but instead first investing time and money in systematically setting up his team. He recognized that this would ultimately lead to a major advantage in their future success.

In today's fast-paced business world, when we have to adapt flexibly to rapidly changing roles, functions and events, we must face the fact that strong bonds are necessary, in addition to individual professional skills, for teams to perform together at their best. And it takes true leadership to make people bond properly with each other.

Creating a winning team

Only a proper team, working together as a whole, can achieve major success – and sustain it. Following a Team Excellence program can build a solid foundation for genuine, effective teamwork. It can nurture a culture that not only tolerates diverse personalities, talents and ideas, but which also encourages sincere curiosity about each team member's opinions and ideas. The creation of an excellent team is a challenge. It is neither the result of a lucky grouping of individuals, nor of a scientific process of harmonizing CVs. And it is certainly not created simply by "just giving things a bit of time to work out".

An excellent team is the reward of intelligent strategic thinking and a deliberate focused decision to set the team up systematically – the activities of a True Leader.

Be a True Leader too!

ABOUT THE AUTHOR

Dr. Christian Marcolli is a world-class expert on sustainable high performance, coaching executives and business leaders, market-leading brands and elite athletes all around the world to achieve and maintain outstanding results. In the media, he has been called "one of the greatest experts on teams" and "the secret behind the success of the sports stars". His clients are global market leaders of today – and tomorrow. He is the founder and owner of Marcolli Executive Excellence, a specialized, boutique-style management consulting firm focused on fostering personal leadership excellence, driving team effectiveness and creating organizational health.

Since 1997, Christian has successfully helped individuals, senior executive teams and entire organizations around the globe to accomplish peak performance, resulting in incomparable long-term, sustainable success. In parallel, Christian has been the performance coach to some of the world's finest athletes and teams. This elite roster includes tennis and soccer stars, Olympic gold medal winners and world champions.

Christian's passion for optimal performance is reflected in his writing, speaking and consulting. He is the award-winning author of the business books *The Melting Point, More Life,*

Please!, Teach Me Patience – NOW!, Equip Yourself To Be a Business Champion and two volumes of *Spotlight on Performance – Executive Inspiration*, compilations of his inspiring essays. Whether working one on one with a client or with an executive team or speaking at a large event, Christian touches and inspires through his authenticity, substance and humor. The *Neue Zuercher Zeitung* described his work as "an experience that will stay with you for life". The magazine *Developing Leaders* stated, "Dr. Marcolli has achieved more than most, recently publishing comprehensive data on participant outcomes".

Prior to founding Marcolli Executive Excellence, Christian was an elite athlete, playing soccer professionally for several years. When this career was cut short by injury, he earned a Ph.D. in Applied Psychology at the University of Zurich, Switzerland, and specialized in Performance Psychology at the University of Ottawa, Canada.

Christian lives in Switzerland with his wife and his two sons. While his mother tongue is German, he also speaks English, French and Italian fluently. He conducts his programs in English and German.

MACH' ES
NICHT ALLEIN

In verschiedenen früheren Ausgaben von *Spotlight on Performance* habe ich einige der wichtigsten Erkenntnisse aus meiner Arbeit mit Weltklasse-Performern geteilt, die für herausragende Leistungen von Führungskräften relevant sind. Einer dieser Faktoren ist die Unterstützung, die man vom Umfeld erhält. In dieser Ausgabe gehe ich näher darauf ein und erkläre, was Sie tun können, um selbst ein starkes Netzwerk aufzubauen, das Sie unterstützt.

Ganz oben ist die Luft dünn

Zunächst ist es wichtig, das Ausmass der Herausforderungen zu erkennen, mit denen Sie als Führungskraft, Unternehmensleiter, Unternehmer oder jemand, der auf dem Weg an die Spitze eines Unternehmens ist, konfrontiert sind. Ihre Rolle ist alles andere als einfach. Wenn es so wäre, wären viel mehr Menschen in der Lage, eine leitende Position oder den Posten des CEO zu übernehmen. Zu den typischen Herausforderungen gehören:

- Ein hoch kompetitives Geschäftsumfeld
- Ständiger wirtschaftlicher und technologischer Wandel
- Widrige ökonomische Umstände
- Massiver Leistungsdruck
- Enorme Arbeitsbelastung.

Und das ist erst der Anfang! Ich bin mir sicher, dass Ihnen noch mehr Herausforderungen einfallen, mit denen Sie spezifisch in Ihrer eigenen Branche oder Organisation konfrontiert sind.

Angesichts der vielen Hindernisse, die es zu überwinden gilt, offenbaren mir viele Führungskräfte, dass ihr Leben zwischendurch sehr einsam sei. Sie erleben in Realität, dass nur sehr wenige Menschen, wenn überhaupt, ähnlich grosse Herausforderungen zu bewältigen haben.

In der Tat ist es sehr schwierig, es – sowohl an die wie auch an der Spitze – allein zu schaffen. Ich will damit nicht sagen, dass man alleine nicht Grosses erreichen kann. Es ist möglich. Aber der Preis kann hoch sein. Früher oder später kann es negative Auswirkungen auf Aspekte wie den eigenen Energiehaushalt, fehlende gemeinsame emotionale Erlebnisse und das Gefühl, isoliert zu sein, haben.

Es ist leichter, dauerhafte Spitzenleistungen zu erbringen, wenn Sie von anderen Menschen inspiriert und unterstützt werden, die an Sie glauben, die grundsätzlich auf Ihrer Seite stehen und die wollen, dass Sie Erfolg haben. Es ist gesünder (und weniger anstrengend), wenn Sie solche Menschen «in Ihrem Lager» haben.

Gerne teile ich einige Ideen, wie Sie systematisch ein starkes Unterstützungssystem aufbauen können, das Ihnen hilft, langfristig Spitzenleistungen zu erzielen. Für den Anfang empfehle ich Ihnen, ein Blatt Papier zu nehmen und die folgenden vier Schlüsselbereiche der Unterstützung zu visualisieren – stellen Sie sich selbst in die Mitte und notieren Sie dann die Namen der unterstützenden Personen in separate Kästchen um Sie herum:

1. Unterstützung von Ihrem Team

Der erste Bereich betrifft Ihr direktes Team, Ihr Team #1, das Sie zusammenstellen und leiten. Sie werden grossen persönlichen Nutzen aus dem Aufbau eines hoch funktionalen Teams ziehen. Damit ein Team effektiv sein kann, muss es mehr sein als nur eine Ansammlung von talentierten Einzelpersonen. Sie müssen bewusst investieren, um:

- Vertrauen aufzubauen – seien Sie ein Vorbild bezüglich Vulnerabilität und Belastbarkeit,
- Konflikte zu meistern – nutzen Sie die Vielfalt der Teammitglieder und legen Sie Konfliktnormen fest, um gemeinsam herausragende Entscheidungen zu treffen,
- Commitment zu erreichen – schaffen Sie es, dass sich alle emotional einbringen und die Team-Entscheidungen mittragen, um Ausführungsdisziplin zu gewährleisten,
- Verantwortung zu übernehmen – sprechen Sie schwierige Punkte frühzeitig an, geben Sie regelmässig Feedback und unterstützen Sie sich gegenseitig,
- Fokus auf das Gesamtergebnis zu etablieren – der kollektive Erfolg hat absolute Priorität.

Verpflichten Sie sich, jedem Teammitglied gleichermassen Ihre maximale Unterstützung zukommen zu lassen. Dies wird die Motivation, die Teamarbeit und vor allem das Vertrauen in Ihrem Team fördern. Dies wiederum erhöht die Wahrscheinlichkeit, dass die Teammitglieder Ihnen ihre Unterstützung und Loyalität zusichern, was für Ihre erfolgreiche Führungsarbeit unerlässlich ist.

MACH' ES NICHT ALLEIN

2. Unterstützung von «zu Hause»

Abgesehen von den Teams, die Sie leiten, empfehle ich, bewusst in eine starke Unterstützung von «zu Hause» zu investieren. Es ist klar, dass «zu Hause» sehr unterschiedlich sein kann, von Einzelpersonen bis hin zu Paaren und Familien. Aber unabhängig von Ihrer persönlichen Situation erfordert die Schaffung eines unterstützenden und vertrauenswürdigen Umfelds unter Partnern, Familienangehörigen und Freunden auch einige ganz spezifische Massnahmen Ihrerseits. In meinem Buch *More Life, Please!* gehe ich ausführlich darauf ein, unter anderem mit den folgenden Punkten:

- Ein grosses Netzwerk mit vielen Menschen ist hilfreich, aber starkes Vertrauen und echte Unterstützung durch einige wenige Menschen sind noch wichtiger. Stellen Sie sicher, dass Sie mindestens eine Person haben, bei der Sie ganz Sie selbst sein können und mit der Sie den Stress teilen können, unter dem Sie stehen.
- Priorisieren Sie Familie und Freunde, mit denen Sie langfristig verbunden bleiben wollen.
- Denken Sie an die besonderen Bedürfnisse der anderen Menschen in Ihrem Netzwerk «zu Hause». Es gibt keinen besseren Weg, Vertrauen und Unterstützung aufzubauen, als diesen Menschen mit Rat und Tatkraft jederzeit zur Seite zu stehen, wenn es gebraucht wird.
- Schaffen Sie gemeinsame Erlebnisse, die für eine starke Bindung und unvergessliche gemeinsame Momente sorgen.

Ich bin überzeugt: Es ist nicht die Zeit, die wir miteinander verbringen, die am meisten zählt, sondern die Qualität der Momente, die wir miteinander erleben.

Das Netzwerk von Menschen ausserhalb der Arbeit, die Sie bedingungslos unterstützen und lieben, ist ungemein wichtig, um sich sicher, geschützt und in Frieden zu fühlen. Es ermöglicht Ihnen, in Zeiten von massivem Stress loszulassen und sich besser zu erholen. Ausserdem können Sie sich zumeist auf die Menschen zu Hause verlassen, wenn es um ehrliches, konstruktives Feedback geht, das Ihnen hilft, die Dinge in einer gesunden Perspektive zu halten.

3. Professionelle Unterstützung

Der dritte wichtige Bereich ist Ihr erweitertes berufliches Netzwerk. Die Anforderungen, die an Sie gestellt werden, werden im Laufe Ihrer Karriere immer grösser werden, und der Leistungsdruck wird zunehmen. Daher ist es von entscheidender Bedeutung, enge Beziehungen zu Personen aufzubauen, die...

- ...Sie mit spezifischem Fachwissen, Kenntnissen und Einsichten unterstützen,
- ...für Sie ein guter Sparringspartner sind, um Ideen auszutauschen,
- ...Sie inspirieren und motivieren,
- ...Sie mit Kreativität beflügeln,
- ...Ihre Schwachstellen ausmerzen,
- ...bei Bedarf die Extrameile für Sie gehen.

Zu diesem Netzwerk gehören Experten auf Ihrem Fachgebiet, Mentoren und Coaches – Menschen, die Sie auf unterstützende Weise dazu herausfordern, anders zu denken, sich weiterzuentwickeln und «über den Tellerrand» hinauszuschauen. Dies ist insbesondere – aber nicht nur – dann wichtig, wenn Sie sich in eine neue Rolle begeben.

Ich empfehle Ihnen, eine Liste von Menschen ausserhalb Ihres Arbeitsplatzes und Ihres Privatlebens zu führen, die Sie am meisten inspirieren. Machen Sie es sich zur Routine, alle zwei Wochen einen Blick auf diese Liste zu werfen und eine oder zwei Aktionen zu planen: zum Mittagessen gehen, einen Anruf vereinbaren, in Kontakt bleiben. Nehmen Sie sich regelmässig die Zeit, um sich mit diesen inspirierenden Menschen auszutauschen und neue Perspektiven zu gewinnen.

4. Unterstützung von Ihren Leadern

Abschliessend möchte ich Sie ermutigen, in den Aufbau einer engen Beziehung zu Ihren eigenen Führungskräften zu investieren. Insbesondere die Beziehung zu Ihrer direkten Führungskraft ist eine der wichtigsten Beziehungen. Wenn Ihre Führungskräfte vollkommen auf Ihrer Seite stehen und Ihnen den Rücken stärken, ist dies eine entscheidende Grundlage für Ihren Erfolg. Die Qualität der Beziehung, die Sie zu Ihren Führungskräften haben, wird Ihr Selbstvertrauen, Ihren Mut und Ihre Entschlossenheit massgeblich beeinflussen.

Seien Sie empathisch und versuchen Sie, die Herausforderungen und Belastungen, mit denen Ihre Führungskräfte konfrontiert sind, zu verstehen. Zeigen Sie Einfühlungsvermögen für ihre Stärken und Schwächen. Tun Sie alles, was Sie können, um Ihren Führungskräften zu helfen, erfolgreich zu sein. Seien Sie vertrauenswürdig in Ihren Interaktionen und verlässlich in Ihrem Handeln.

Verantwortung bringt Belohnungen

Im Zentrum Ihres Unterstützungsnetzwerks stehen Ihre Leidenschaft, Ihr Engagement, Ihre Ehrlichkeit und Ihr Wunsch, etwas Positives zu bewirken. Es sind Ihre eigenen positiven Eigenschaften, die andere Menschen anziehen, Sie zu unterstützen und Ihren Weg mit Ihnen zu teilen. Und denken Sie daran: Um ein Höchstmass an Unterstützung zu erhalten, müssen Sie immer die volle Verantwortung übernehmen und für Ihr Denken, Ihre Handlungen und die Ergebnisse einstehen – vor allem, wenn die Dinge nicht so laufen wie erwartet.

Pflegen Sie Ihre wichtigsten Beziehungen und betrachten Sie sie nie als selbstverständlich. Investieren Sie regelmässig weiter, helfen und unterstützen Sie die Menschen in Ihrem Unterstützungsnetzwerk und bringen Sie regelmässig Ihre Dankbarkeit zum Ausdruck. Im Gegenzug werden sie Sie immer respektieren, Ihnen vertrauen und den Weg mit Ihnen teilen. An Ihrer Seite.

Ich wünsche Ihnen grösstmöglichen Erfolg!

VON «VERY GOOD»
ZU «GREAT» –
WIE MANUEL AKANJI

In früheren Ausgaben von *Spotlight on Performance* habe ich bereits Aspekte der Frage behandelt, worin sich herausragende («great») LeistungsträgerInnen von sehr guten («very good») unterscheiden. Oft kann uns die Welt des Sports helfen, diese Frage zu beantworten, weil sie sehr anschaulich zeigt, wie bestimmte Schlüsselfaktoren den Unterschied ausmachen.

Einige dieser Faktoren sind auch ausserhalb des Sports anwendbar, sodass Führungskräfte, EntscheidungsträgerInnen und UnternehmerInnen ihr eigenes Leistungsniveau von sehr gut auf herausragend verbessern können, wenn sie diese Faktoren für sich anwenden.

Spitzenleistungen im Fussball

Nehmen wir die Welt des Fussballs. Als jemand, der in einer früheren Karriere als Profifussballer aktiv war, bin ich immer noch mit dem Spiel verbunden. Man muss aber kein grosser Fan dieses Sports sein, um zu erkennen, dass einige Spieler und Mannschaften sehr gut, aber nur wenige herausragend sind. Zur Zeit ist Manchester City das Mass aller Dinge. Diese Mannschaft verfügt über einen Kader mit fantastischen Spielern, hervorragende Teamarbeit, einen grossartigen Staff (gemeint ist das Team hinter dem Team) und mit Manager Pep Guardiola einen Trainer und eine Führungspersönlichkeit auf absolutem Weltklasse-Niveau. Die Leistungen des Teams auf dem Spielfeld beweisen zweifelsfrei, dass Manchester City derzeit eine der absolut besten Vereinsmannschaften in Europa und weltweit ist.

VON «VERY GOOD» ZU «GREAT»

Unter den vielen grossartigen Spielern von City ist Manuel
Akanji (im folgenden «Manu» genannt) einer, der sein Leis-
tungsniveau in die Kategorie «herausragend» steigern konnte.
Seit September 2022, als Manchester City ihn von Borussia
Dortmund aus der deutschen Bundesliga verpflichtete, hat
Manu eine wesentliche Rolle bei den Erfolgen der Mannschaft
gespielt, die das bemerkenswerte Triple aus der englischen
Premier League, dem FA-Cup und – zum ersten Mal in ihrer
Vereinsgeschichte – der UEFA European Champions League
gewonnen hat.

Ich arbeite seit 2020 mit Manu zusammen, als dessen Leistungspsychologe und Mental-Coach. Damals war Manu bereits
ein hervorragender Spieler. Seit ich eng mit ihm zusammenarbeite, habe ich aus nächster Nähe gesehen, wie er es geschafft
hat, sein Niveau noch weiter zu steigern.

Zunächst möchte ich Ihnen kurz erläutern, wie gut er performte
und welch wichtigen Anteil er an den Erfolgen von Manchester
City hatte. Von September '22 bis Juni '23 hat Manu 46 Spiele
für sein neues Team bestritten – 29 in der Premier League,
elf in der UEFA Champions League und sechs im FA Cup. Im
gleichen Zeitraum hat er zudem elf Spiele für die Schweizer
Nationalmannschaft bestritten, darunter die FIFA Fussball-
Weltmeisterschaft in Katar. Was bei Manus Leistungen in dieser Saison hervorsticht, sind seine:

- **Präzision:** In der Premier League war er mit 93,3 % der führende Spieler in Sachen Passgenauigkeit.
- **Vielseitigkeit:** Manu hat nicht nur auf seiner Hauptposition als Innenverteidiger gespielt, sondern auch als rechter und linker Verteidiger, wenn die Mannschaft ihn dort brauchte. Dies erforderte nicht nur umfassende fussballerische Fähigkeiten, sondern auch den unbedingten Willen, der Mannschaft – egal auf welcher Position – zum Erfolg zu verhelfen sowie eine grosse Bereitschaft, sich anzupassen.
- **Fokus und Disziplin bei der Ausführung:** In seiner gesamten Premier-League-Saison beging Manu nur 24 Fouls und kassierte lediglich vier gelbe Karten – das ist insbesondere für einen Verteidiger sehr wenig, wenn man so viele Spiele bestreitet.
- **Einfluss auf die Mannschaft:** In allen Premier-League-Spielen von Manchester City, an denen Manu in dieser Saison beteiligt war, holte die Mannschaft im Durchschnitt 2,5 Punkte (von 3). Und in der UEFA Champions League ging in der ganzen Saison kein einziges Spiel verloren.

Sein Trainer Pep Guardiola hat Manus Anpassungsfähigkeit und sein taktisches Verständnis oft gelobt und in den Medien folgendermassen kommentiert: «*Manu hat einen enormen Einfluss, seit er zu uns gekommen ist. Der Verein hat einen unglaublichen Transfer gemacht. Es zeigt sich einmal mehr, dass sich Intelligenz auszahlt. Er konnte schon nach dem ersten Training umsetzen, was ich von ihm verlange. Er ist ein Geschenk für jeden Manager*» (aus dem Englischen übersetzt).

VON «VERY GOOD» ZU «GREAT»

Aufgrund seiner Leistungsdaten wurde Manu von Opta Analyst sogar ins «Premier League Team of the Season» gewählt.

Leistungskontext an der Spitze

Die Bedingungen, mit denen Manu bei seinem Wechsel zu Manchester City im September 2022 konfrontiert wurde, mögen auf den ersten Blick als herausfordernd und potenziell schwierig erscheinen:

- **Interne und externe Anforderungen:** Von den Spielern wird erwartet, dass sie in jedem Spiel aussergewöhnliche Leistungen erbringen. Sie stehen unter ständiger Beobachtung einer grossen internationalen Fangemeinde und der weltweiten Medienberichterstattung.
- **Zusammenstellung der Mannschaft:** Die Mannschaft besteht ausschliesslich aus herausragenden Spielern, die alle auch Schlüsselfiguren in ihren jeweiligen Nationalmannschaften sind. Für jede Position gibt es mindestens zwei Weltklassespieler.
- **Intensität:** Als Spitzenteam kommt Manchester City in jedem Wettbewerb sehr weit. Die Saison ist daher länger, die Anzahl der Spiele deswegen deutlich höher als bei den meisten anderen Mannschaften – und die Zeit für die Vorbereitung vor einem Spiel und für die Erholung danach ist dadurch wesentlich kürzer.

Worauf hat Manu unter anderem geachtet, um eine so erfolgreiche Saison zu spielen? Die Antwort liegt nicht nur in seinem fussballerischen Potenzial, sondern auch in seinem ganzheitlichen Ansatz für nachhaltige Spitzenleistungen.

Winner Mentalität und mentale Vorbereitung als wichtige Faktoren

Um bereit zu sein, noch erfolgreicher zu werden, zog es Manu vor, den Leistungskontext und die Bedingungen bei Manchester City nicht in erster Linie als schwierig zu betrachten, sondern vielmehr als grosse Chance mit vielen Opportunitäten.

Folgendes hat Manu erkannt:
- Es ist aufregend und ein grosses Privileg, an der Seite einiger der besten Spieler der Welt spielen zu dürfen.
- Es ist höchst motivierend, von einem der besten Fussballclubs der Welt gescoutet und ausgewählt zu werden – von einer Organisation, die sich um jedes Detail kümmert, um grosse Erfolge zu erreichen.
- Es ist sehr inspirierend, unter einer Führungspersönlichkeit und einem Trainer zu spielen, der Teamfähigkeit, Intelligenz und mentale Stärke schätzt.

Darauf aufbauend bestand ein wesentlicher Teil meiner Arbeit mit Manu darin, bereit zu sein, sich bietende Chancen zu ergreifen. Wir arbeiteten daran, nicht nur seine Widerstandsfähigkeit weiter auszubauen, sondern auch seinen Fokus, seine mentale Stärke und seine Entschlossenheit zu maximieren, damit er das Beste aus sich herausholen und letztendlich in grossen Spielen erfolgreich um mehrere Trophäen kämpfen kann.

VON «VERY GOOD» ZU «GREAT»

Werden Sie ein Business Champion

Wie im Fussball sind es auch in der Unternehmenswelt und im Business oft nur Bruchteile, die hervorragende von sehr guten Leistungen trennen. Die Gründe für diese entscheidenden Unterschiede können auf den ersten Blick schwer zu erkennen sein, daher kann eine gründliche Reflexion auf der Grundlage einer ganzheitlichen Diagnostik ein wichtiger Ansatzpunkt dafür sein.

Egal, ob Sie Führungskraft, Unternehmerin, Leistungsträger, Entscheidungsträgerin oder ein aufstrebendes Unternehmenstalent sind, es gibt nichts, was Sie davon abhalten sollte, sich die Winner Mentalität eines Manu anzueignen oder das inspirierende Leistungsumfeld eines Manchester City zu schaffen – ganz gleich, in welchem Bereich Sie agieren.

Was wir alle von Manu lernen können:

- **Setzen Sie sich hohe Ziele.** Wenn Sie mit den Besten der Welt zusammenarbeiten, ist das ein sehr inspirierendes Umfeld, welches Ihnen fast immer ermöglicht, noch weiter aufzusteigen.
- **Entwickeln Sie Widerstandsfähigkeit und Fokus.** Ihre mentale Stärke wird es Ihnen ermöglichen, mit der hohen Intensität auf dem Spitzenniveau produktiv umzugehen und dort regelmässige Spitzenleistungen zu erbringen.

- **Seien Sie vielseitig und anpassungsfähig.** Akzeptieren Sie die Tatsache, dass Sie möglicherweise für eine Vielzahl von Aufgaben benötigt werden. Sehen Sie das grosse Ganze und stellen Sie das Team und die Organisation immer an erste Stelle. Es geht in erster Linie praktisch nie primär um Ihren eigenen Erfolg. Nutzen Sie Ihre Anpassungsfähigkeit und Intelligenz, um bei Bedarf in verschiedenen Bereichen zum Erfolg beizutragen.
- **Beweisen Sie Kritikern das Gegenteil.** Auf Ihrem Weg nach oben wird es möglicherweise Leute geben, die Ihnen Dinge sagen wie «Das ist nichts für Sie» oder «Sie werden es nicht bis nach ganz oben schaffen». Bauen Sie ein starkes Team hinter sich auf, legen Sie viel Präzision an den Tag, beweisen Sie Ihren Kritikern das Gegenteil und seien Sie ein Champion!

IHRE ENTWICKLUNG ZUR SPITZENFÜHRUNGSKRAFT

Als Führungskraft und Leader wissen wir alle, dass es eine unserer Prioritäten ist, in diesem sich ständig verändernden Umfeld permanent zu wachsen und sich weiterzuentwickeln. Ein Ziel muss es sein, erst die richtigen Schwerpunkte Ihrer Führungskräfteentwicklung zu definieren. Eine gründliche Reflexion auf Basis einer ganzheitlichen Leadership-Diagnostik bietet dafür eine geeignete Grundlage.

Bestmögliche Unterstützung finden

In dem ganzen Vorhaben ist es entscheidend, die richtigen Experten-Coaches zu finden, um Ihre Entwicklung mit den richtigen Inputs und gutem Rat zu beschleunigen. Sie müssen nicht alle relevanten Erfahrungen selbst gemacht haben, um erfolgreich zu sein. Sie können viel von anderen lernen. Ich würde sogar behaupten, dass man mit den richtigen Experten an seiner Seite mehrere Jahre Vorsprung gegenüber anderen gewinnen kann, die ihren eigenen Weg – ausschliesslich basierend auf selbstgemachten Erfahrungen – alleine finden müssen. Die oft zitierte Statistik, dass es gut zehn Jahre dauert, um in einem Bereich fortgeschrittene Expertise zu erlangen, greift zu kurz. Meiner Erfahrung nach kann dieser Zeitrahmen deutlich verkürzt werden, wenn Sie mit den richtigen Experten und Coaches zusammenarbeiten.

Doch wie schaffen Sie es, neue Inputs und Verhaltensweisen nachhaltig umzusetzen? Ich kann Ihnen versichern, dass dies kein Geheimnis ist. Vielmehr geht es um die Aneignung des

Verhaltens, der Techniken und um deren Verknüpfung mit Ihrem «emotionalen Warum» – Ihrem grundlegenden, sinnhaften Ziel.

Lassen Sie mich dies kurz anhand einer der Techniken, welche ich in meinen Coachings verwende, ausführlicher erläutern: Der Übergang von der Arbeit nach Hause – und wieder zurück.

Ich empfehle, diesen Übergang jeweils bewusst und ritualisiert zu gestalten, in Form einer kurzen Meditation, damit Sie mental und emotional gut auf Ihre neue Umgebung vorbereitet sind. Es funktioniert so: Wenn Sie einen anstrengenden Tag hatten und Ihr Kopf voller arbeitsbezogener Probleme ist, nehmen Sie sich ein paar Minuten Zeit, bevor Sie mit Ihrer privaten Welt in Kontakt treten. Nehmen Sie sich drei bis vier Minuten Zeit und konzentrieren Sie sich ausschliesslich auf Ihre Atmung. Reduzieren Sie Ihre Atemfrequenz, damit Sie Ihrem Gehirn signalisieren, dass keine Bedrohung oder kein Stress mehr besteht. Stellen Sie sich anschliessend vor, wie Sie sich in der neuen Umgebung positiv verhalten und mit den Menschen konstruktiv interagieren. Erst, wenn Sie sich in diese positive innere Haltung begeben haben, treten Sie mit den Menschen in Ihrem privaten Umfeld in Verbindung.

Diese Technik können Sie täglich anwenden – im Zug, oder im geparkten Auto in der Nähe Ihres Zuhauses. Wenn Sie in Ihrem Homeoffice arbeiten, können Sie diese gleich dort zum Abschluss des Arbeitstages anwenden, damit Sie anschliessend den Bedürfnissen der Familie und Freunde vollauf gerecht werden. Auch – oder insbesondere – nach einem langen, harten Tag.

Der nachhaltige Ansatz

Wenn Sie beim Lesen gleich die Motivation empfinden, die beschriebene Technik als neues Verhalten sofort implementieren zu wollen, möchte ich Ihnen zu dieser Entscheidung gratulieren! Aber ich muss Ihnen sagen, dass ich hierzu auch eine schlechte Nachricht habe. Bei jeder Verhaltensänderung gibt es einen Zeitraum, in dem die Vorteile des neuen Verhaltens noch nicht sichtbar sind. In diesem Zeitraum, der bei täglicher Anwendung etwa drei Monate dauert, geben die meisten Menschen ein neues Verhalten wieder auf. Dies, weil sie glauben, dass es für sie nicht funktioniert, da sie die positive Wirkung des neuen Verhaltens noch nicht wirklich wahrnehmen. Emotional kann es sich zuerst sogar schlechter anfühlen als zuvor – dann denken Sie vielleicht, dass sich die ganze Zeit und Mühe, die Sie dafür hineinstecken, nicht lohnt. Sie denken: «Es funktioniert bei anderen, aber nicht bei mir.»

Nun, lassen Sie mich Ihnen sagen, dass dies für alle gleich ist. Wir alle müssen diese Zeit durchmachen, in der wir die Vorteile von neuen, funktionalen Verhaltensweisen noch nicht erleben. Gerade in einer ersten Umsetzungsphase ist es entscheidend, dass Sie einer neuen Verhaltensweise eine tiefgreifende Sinnhaftigkeit geben sowie Ihre Willenskraft aktivieren. Tun Sie das drei Monate lang jeden Tag, und wenden Sie die neue Verhaltensweise an, egal wie Sie sich fühlen, mit dem Wissen, dass es Ihnen langfristig dienen wird. Und fühlen Sie sich jedes Mal gut, weil Sie zusätzlich zu der neuen Verhaltensweise auch noch Ihre Willenskraft trainiert haben. Denken Sie daran, dass sich die positiven Auswirkungen eines neuen Verhaltens erst nach drei Monaten täglicher Anwendung einstellen.

Ein neues Verhalten auf diese Weise zu ritualisieren, indem Sie es täglich anwenden, indem Sie es mit tiefgreifender Sinnhaftigkeit verbinden und Ihre Willenskraft aktivieren, macht den entscheidenden Unterschied. Was als mentale Übung begann, wird jetzt nachhaltig und «bleibt hängen».

Im Laufe der Jahre habe ich parallel zu meiner Arbeit mit Weltklasse-Athleten auch mit vielen Führungskräften und Entscheidungsträgern zusammengearbeitet und in personalisierten Coachings zahlreiche Techniken einstudiert. Die Analyse der Auswirkungen der Coaching-Programme war sehr aufschlussreich und äusserst ermutigend: Aufgrund der einstudierten Techniken haben die Führungskräfte deutlich über mehr Energie und Tatkraft berichtet, sind viel engagierter sowohl bei – als auch ausserhalb – der Arbeit, agieren produktiver und haben die Fähigkeit, Routinen anzuwenden, die es ihnen ermöglichen, sich in stressigen Phasen vollständig zu erholen.

Dauerhaften Fortschritt erzielen

Was mich am meisten gefreut hat: Die Resultate der Untersuchung zeigten, dass die positiven Veränderungen keine kurzfristige Lösung sind, sondern auch dann erhalten bleiben, unabhängig davon, wie viel Zeit seit der Teilnahme am Coaching-Programm vergangen ist. Über 80 % der Führungskräfte sind der Ansicht, dass die einstudierten Techniken einen wesentlichen Beitrag zu ihrer Fähigkeit geleistet haben, Spitzenleistungen nachhaltig zu erbringen. Ein ähnlich grosser Anteil gibt an, dass das Coaching-Programm einen massgeblich positiven Beitrag zur persönlichen Fitness, Gesundheit und zum gesteigerten Wohlbefinden geleistet hat. Und dass es ihnen geholfen hat, ihr Berufsleben mit ihrem Privatleben besser in Einklang zu bringen.

Sie können das alles auch schaffen. Wenden Sie bei Ihrer Entwicklung den nachhaltigen Ansatz an. Und bleiben Sie willensstark. Es lohnt sich!

GAME, SET AND MATCH –
ROGER FEDERER!

Ich bin mir fast sicher, dass viele von Ihnen Roger Federers emotionalen Rücktritt aus dem Profitennis anlässlich des Laver Cup am 23.9.2022 in London mitverfolgt haben. Die Veranstaltung markierte das Ende einer Ära in der Geschichte des Tennis, ja in der globalen Sportgeschichte insgesamt. Die Szenen nach Rogers letztem Match waren sehr bewegend und berührend – selbst für Menschen, die Roger nicht nahestehen oder keine grossen Tennis-Fans sind.

Ich hatte das Privileg, live in der O2 Arena in London vor Ort zu sein. Auch für mich war es ein besonderer Moment, weil ich mit Roger in der Anfangsphase seiner grossartigen Karriere zusammengearbeitet hatte. Ich war am 7. Juli 1998 in Gstaad an seinem allerersten Spiel auf der ATP-Tour – und nun auch an seinem letzten Match dabei. Ich durfte miterleben, wie eine der grössten Karrieren in der Geschichte des Sports zu Ende ging.

Roger und Seve

Der Abend in London hatte für mich einen zusätzlichen beruflichen und persönlichen Bezug. Besonders bewegt hat mich die lange und intensive Umarmung in der Umkleidekabine zwischen Roger und seinem langjährigen Trainer Severin Lüthi kurz vor dem Match. Seve coachte Roger während 15 Jahren und bereitete ihn auf mehr als 900 Matches vor. In den letzten 13 dieser 15 Jahre hatte ich das Privileg, für Seve als dessen Executive Coach und Sparringspartner zu agieren.

Am gleichen Tag, kurz vor Rogers letztem Match, fragte ich Seve, welche Emotionen er habe und welche Gedanken bei ihm im Vordergrund seien. Er antwortete mir: *«Roger tut mir leid – er hätte ewig spielen wollen.»* Es war so typisch für Seves Selbstlosigkeit und Grosszügigkeit als Mentor und Coach, nur an seinen Schützling zu denken, ohne ein Wort über sich selbst zu verlieren. Und dies selbst in einer Zeit, in der er wusste, dass es auch für ihn in Zukunft nie wieder so sein würde wie jetzt.

Die langjährige, höchst erfolgreiche Zusammenarbeit zwischen Roger und Seve hatte mich seit jeher beeindruckt. Lassen Sie mich noch eine kurze Anekdote zu Seves grossartigem Sinn für Humor mit Ihnen teilen. Bevor die Menge in die O2 Arena eingelassen wurde, nutzte er die Chance, alleine auf den Platz zu treten. Er machte ein Foto von sich, wie er ins leere Stadion winkt und postete es dann auf Instagram mit dem Kommentar: «Ich muss mir die Zeit nehmen, all meinen grossartigen Fans zu danken – ihr seid die Besten!». Wir können uns nur die vielen lustigen Momente vorstellen, die er und Roger im Laufe der Jahre geteilt haben!

Roger und Rafa

Für seinen letzten Wettkampfauftritt auf der Tour wollte Roger mit seinem langjährigen Rivalen und Freund Rafael Nadal im Doppel spielen. Sein Wunsch wurde erfüllt. Und die beiden lieferten ein grossartiges Match. Trotz der Verletzungsprobleme in den letzten Monaten war Roger voll konzentriert, entschlossen und spielfreudig. Obwohl Roger und Rafa das Duell knapp verloren, konnten alle ihre immense Freude darüber sehen, gemeinsam auf dem Platz spielen zu können – ausnahmsweise sogar auf derselben Seite des Netzes!

Natürlich kennen die meisten von uns Rogers beispiellose Leistungen, Siege und Titel. Aber was mich, wie so oft in der Vergangenheit, wieder beeindruckt hat, ist, wie er seine Leistungen erbrachte: mit seiner immensen Leidenschaft fürs Tennis. Mit seiner Präzision in der Ausführung. Mit seiner Fähigkeit, sich mit Menschen zu umgeben, deren Rat und Unterstützung er vertraut. Mit seiner Authentizität. Mit seiner Fähigkeit, mit sich selbst im Reinen zu sein. Und mit seiner sehr disziplinierten und doch spielerischen Herangehensweise.

Welch grosse Inspiration für uns alle!

Es ist wenig überraschend, dass Rogers Rivalen immer einen enormen Respekt vor ihm hatten. Viele kamen persönlich nach London, um sich zu verabschieden, unter anderem auch Novak Djokovic und Andy Murray. Ebenso einer seiner grössten Rivalen, Rafa, der auch Rogers Freund geworden ist und trotz komplizierter persönlicher Umstände darauf bestand, an jenem Abend für ihn da zu sein. Die Situation bewegte sich in einen tränenreichen Abschied.

GAME, SET AND MATCH – ROGER FEDERER!

Eine riesige Bandbreite an Emotionen

Als der Abschluss dieser herausragenden Karriere Tatsache wurde, war Roger in Tränen aufgelöst. Rafa sass neben ihm auf der Spielerbank und unterstützte ihn in diesem Moment. Er war derart emotional involviert, dass auch er weinte und Rogers Hand hielt. Es war wunderbar, die Menschen so verbunden und vereint zu sehen, besonders als Rogers Frau Mirka, die Kinder und die Eltern auch auf den Platz kamen.

Als sich diese Ereignisse vor mir abspielten, fühlte ich mich persönlich unglaublich bewegt. Ich bemühte mich, die grosse Bandbreite an Emotionen zu verstehen. Es war so einzigartig, als würde man einer Beerdigung beiwohnen, ohne dass jemand gestorben wäre. Es gab Trauer, Abschied, aber auch Feiern. Ich fühlte Verlust, aber auch Dankbarkeit, Stolz und Freude. Es war ein spezieller, schöner Moment.

Helfen Sie anderen, erfolgreich zu sein

Während dieser Höhepunkt der Emotionen inzwischen wieder vorbei ist, hat sich die Überzeugung noch mehr festgesetzt, dass jede Anstrengung es wert ist, anderen zum Erfolg zu verhelfen und auf diese Weise ein Vermächtnis zu hinterlassen. Wenn Sie also in einer Führungsposition sind und die Fähigkeit haben, andere zu inspirieren: Seien Sie weiterhin grosszügig in Ihren Worten und Taten. Seien Sie für andere da. Tun Sie alles, um ihnen zum Erfolg zu verhelfen. Es lohnt sich!

JETZT IST DIE ZEIT,
UM DIE KONTROLLE
ZURÜCKZUGEWINNEN

Während ich diese Ausgabe des *Spotlight on Performance* schreibe, haben viele Business Leader (zumindest diejenigen von Ihnen in der nördlichen Erdhalbkugel) kürzlich eine Sommerpause genossen. Wenn Sie dazugehören, hoffe ich, dass Sie die Gelegenheit hatten, sich zu entspannen, neue Energie zu tanken und grossartige Momente mit Ihren Liebsten zu erleben.

Egal, ob Sie gerade erst in die anspruchsvolle Arbeitswelt zurückgekehrt sind oder nicht – es ist die extreme Intensität des modernen Geschäftslebens, die ich in dieser Ausgabe thematisieren möchte. Dies, weil ich der Überzeugung bin, dass der Druck auf Führungskräfte grösser ist als je zuvor. Lassen Sie mich erklären, warum.

Noch vor ein paar Jahren habe ich in einem meiner Bücher, *The Melting Point*, die vielen unterschiedlichen Belastungen diskutiert, denen Businessleader ausgesetzt sind. Dazu gehört die «Always-on»-Unternehmenskultur, die ursprünglich durch Faktoren wie Globalisierung und Fortschritte in der Kommunikationstechnologie beschleunigt wurde. Bereits vor ein paar Jahren beschrieb ich es folgendermassen:

«Wir klicken uns ein in einen riesigen Online-Marktplatz, mit ständig wachsenden sozialen Netzwerken und einer optimierten Arbeitsumgebung mit Geschäftskollegen auf anderen Kontinenten, die so zugänglich sind wie die im Büro nebenan. Die Technologie sowie die Art und Weise, wie wir kommunizieren, hat sich komplett verändert.»

«Dadurch verschwimmen die Grenzen zwischen Arbeit und Privatleben. Der Wert und die erlangte Flexibilität der Technologie ist unbestreitbar – wir können von zu Hause aus arbeiten und jetzt überall produktiv sein. Das Problem ist jedoch, dass wir in einer solchen Umgebung selbst oft nicht ‹abschalten›. Und dies trägt zu einem erhöhten Mass an Rastlosigkeit und Grundnervosität bei.»

Bedenken Sie nun, dass ich das alles einige Jahre vor Covid-19 geschrieben hatte! Sie können sich vorstellen, dass für viele diese Auswirkungen jetzt noch grösser sind, da nun häufiger viel mehr Leute von zu Hause aus arbeiten.

Während wir uns auf eine Routine nach der Pandemie einstellen, bieten nicht alle Unternehmen ihren Führungskräften weiterhin die Möglichkeit, von zu Hause aus zu arbeiten. Sehr viele hingegen verfolgen einen flexiblen Ansatz und erlauben oder ermutigen, von zu Hause aus zu arbeiten, im Wechsel mit einigen Tage im Büro. Aber ich arbeite auch mit Unternehmen zusammen, deren Mitarbeiter jetzt zu 100 % nicht mehr im Büro arbeiten.

Infolgedessen werden viele von Ihnen praktisch rund um die Uhr kontaktiert, wenn etwas Ihren Beitrag benötigt, egal wie gross oder klein, ob an Werktagen oder am Wochenende. Solche regelmässigen Anfragen können dazu führen, dass Sie mental ständig beschäftigt und belastet sind. Als Folge können Sie sich nach und nach entweder weniger gut auf die bevor-stehende Aufgabe konzentrieren oder in der begrenzten Zeit, wenn Sie nicht am Arbeiten sind, völlig abschalten.

Ich möchte Ihnen einen Ansatz vorschlagen, der sich nicht in erster Linie darauf konzentriert, mit dieser Intensität fertig zu werden. Als noch viel wichtiger erachte ich es, dass Sie so weit wachsen und robust werden, dass Sie mit einem guten Mass an Leichtigkeit auftreten und unter den gegebenen Umständen ein grosssartiges Leben führen können. Mein Ziel für Sie ist es, Ihren «Melting Point», also Ihren «Schmelzpunkt», maximal zu erhöhen. Es handelt sich dabei um diejenige Schwelle resp. denjenigen Punkt, an dem der wahrgenommene Druck zu gross wird und zu dysfunktionalem Verhalten (oder sogar Zusammenbruch) führen kann.

Eine Möglichkeit, dies zu tun, besteht darin, richtig «abzuschalten». Rituale am Ende des (Arbeits-)Tages sind der Schlüssel zu innerer Ruhe und für einen klaren Kopf. Und vor allem führen sie zur richtigen mentalen Stimmung, die es Ihnen erlaubt, eine tiefe Verbundenheit mit Familie, Freunden und den Menschen ausserhalb der Arbeit zu erfahren. Dazu gehören auch die richtige Menge und Qualität an Schlaf, die für Ihre nachhaltige Höchstleistung notwendig sind. Ich empfehle deswegen, abends nach der Arbeit bewusst abzuschalten – und zwar täglich. Unabhängig davon, ob Sie von zu Hause aus arbeiten oder nicht, sollten Sie mit einer Form der Meditation mental zwischen den Welten von Arbeit und Zuhause wechseln (ein Thema, das ich in einem anderen *Spotlight on Performance* ausführlich behandelt habe).

Ebenso wichtig ist es, die Kontrolle über die Technologie zurückzugewinnen. Ich empfehle, alle Geräte zu Hause in einem bestimmten Raum aufzubewahren, z. B. in Ihrem eigenen Büro oder Computerraum. Das hilft, damit sie nicht in Ihr Privat- und Familienleben eingreifen, nachdem Sie entscheiden haben, dass Sie für eine gewisse Zeit nicht arbeiten (es sei denn, es liegt ein Notfall vor). Es kann einige Zeit dauern, bis Sie sich daran gewöhnt und eine solche Gewohnheit entwickelt haben. Es dauert etwa drei Monate, bevor sie automatisiert wird. Aber es hilft Ihnen bereits nach wenigen Tagen, sich auf das Hier und Jetzt zu konzentrieren.

Insgesamt möchte ich Sie als High Performer und Leader dazu inspirieren, zehn wichtige Verhaltensmuster aufzubauen und zu etablieren. Diese geben Ihnen die Fähigkeiten, unter starkem Druck cool zu bleiben und unter grosser Intensität dauerhaft Spitzenleistungen zu erbringen. Um Ihnen einen weiteren Einblick zu geben, umfassen diese Muster neben dem Abschalten, dem mentalen Wechsel zwischen Arbeit und Zuhause und der Wiedererlangung der Kontrolle über die Technologie auch Folgendes:

- Definieren Sie Ihren Purpose, Ihr «Emotional Why», visualisieren Sie und lassen Sie sich davon täglich mit positiven Emotionen inspirieren.
- Bereiten Sie sich systematisch auf Ihre wichtigsten Leistungsmomente vor, um in Bestform zu sein, wenn es darauf ankommt.

- Machen Sie täglich Fortschritte bei den Schlüsselthemen, die nur Sie voranbringen können.
- Bauen Sie gute Gewohnheiten auf, um mindestens 30% Ihrer Energie für die Lebensbereiche ausserhalb der Arbeit parat zu haben.
- Maximieren Sie Ihre Fähigkeit, zu fokussieren. Setzen Sie bewusst Grenzen, kontrollieren Sie alle möglichen Ablenkungen, mithilfe von gezielten Ritualen.
- Bauen Sie Reserven auf, für Ihr persönliches und berufliches Wachstum.
- Managen Sie proaktiv arbeitsbezogene, politische Dynamiken.
- Investieren Sie bewusst in Aufbau und Pflege eines Netzwerks mit inspirierenden Menschen.

In der heutigen Zeit sind diese Muster relevanter denn je.

Ich wünsche Ihnen viel Erfolg!

ENTSCHLOSSEN SEIN, UM «MORE LIFE» ZU GENIESSEN

Wie viele von Ihnen wissen, habe ich eine grosse Leidenschaft für nachhaltige Spitzenleistungen in der Unternehmens- und Sportwelt, für grossartiges Teamwork und für das Schaffen gesunder und produktiver Kulturen, damit Menschen Aussergewöhnliches leisten können. Und für noch etwas habe ich die gleiche grosse Leidenschaft: das Aufbauen und Aufrechterhalten gesunder Beziehungen und eines spannenden Familienlebens, insbesondere auch dann, wenn man gleichzeitig beruflich eine enorme Verantwortung trägt.

Meiner Erfahrung nach kann es schnell passieren, dass Unternehmensleader ihrem Privatleben (zu) wenig Aufmerksamkeit schenken. Dies geschieht zumeist, weil sie dazu neigen, unglaublich engagiert und beschäftigt mit ihrer Arbeit zu sein. Beruflich gibt es immer «unfinished business», also unerledigte Arbeiten, an denen man rumstudieren kann. Selbst wenn man mit Familie und Freunden zusammen ist, besteht die Gefahr, aufgrund der Ablenkung durch arbeitsbezogene Probleme geistig abwesend zu sein.

In diesem Teil der Welt hat der Sommer begonnen und viele von Ihnen werden sich eine Auszeit für den Urlaub nehmen. Dies ist eine grossartige Gelegenheit, gut funktionierende Beziehungen zu Ihrer Familie und Ihren Freunden zu pflegen und weiter auszubauen. Es sind mitunter diese engen persönlichen Bindungen, die Ihnen ein starkes Fundament bieten, das Sie für Erfolg und Erfüllung brauchen, nicht nur in Ihrer Karriere, sondern in Ihrem ganzen Leben.

Gerne stelle ich Ihnen dafür einige Techniken vor. Sie können diese selbstverständlich während des ganzen Jahres anwenden, nicht nur in der Ferienzeit. Mein Ziel ist es, dass Sie nicht nur höchst erfolgreich grossartige Leistungen im Job erbringen, sondern dies auf eine spielerische und nachhaltige Weise tun, die mit einem glücklichen und erfüllten Leben zu Hause absolut vereinbar ist.

Dieser umfassende Ansatz für das Erbringen von High Performance war und ist ein wesentlicher Bestandteil meiner Arbeit mit Führungskräften und Unternehmensleader. Einige davon waren kürzlich bereit, ihre Erfahrungen in Interviews zu teilen, damit möglichst viele von diesen profitieren können. Schauen wir uns einige Beispiele an:

Übergangsritual von der Arbeit nach Hause

«Ich bin jemand, der bei der Arbeit immer alles gibt. Bei mir besteht die Gefahr, dass ich mich tagsüber komplett verausgabe und am Abend zu Hause nur noch rumhänge, ohne viel Energie für die Familie zu haben oder mich gar mit Freunden zu treffen.

Christian hat mir beigebracht, wie ich in die ‹Home Zone› übergehen kann, damit ich nach der Arbeit immer noch voll präsent sein kann. Nach einem super anstrengenden Tag ist mein Kopf meist sehr voll. Ich nehme mir nun bewusst ein wenig Zeit, um darüber nachzudenken, wie ich mich in meinem Privatleben zeigen möchte – Wie kann ich das Leben meiner Lieben heute bereichern? Wie kann ich positive Emotionen erzeugen? Ich verwende ein Ritual, um von der Geschäftsfrau zur Ehefrau, Mutter und Freundin überzugehen.

Das Ritual ist: Ich fahre bewusst meinen Computer herunter und halte einen Moment inne. Ich schliesse meine Augen und beginne mit einer kurzen Meditation, bei der ich einige Minuten lang bewusst atme und mir vorstelle, wie ich voller Freude mit meinen Familienmitgliedern interagiere. Erst danach, wenn ich mit meiner ‹besten Seite› verbunden bin, gehe ich auf meine Familie zu und treffe mich mit meinen Freunden ausserhalb der Arbeit.»

Family Meetings

«Christian konnte mir zeigen, dass ich unsere Kinder besser einbeziehen kann. Er half mir, die Notwendigkeit zu erkennen, ihre Erwartungen an mich zu verstehen und meine Erwartungen an sie auszudrücken. Jetzt halten wir jede Woche, am Sonntagabend, Family Meetings ab.

So machen wir es: Da sowohl meine Frau und ich verantwortungsvolle Jobs haben, teilen wir an den Family Meetings unsere Wochenpläne miteinander. Dasselbe gilt für die Kinder – sie teilen mit, wann in der Schule Prüfungen anstehen, wie sie sich darauf vorbereiten und alle anderen Dinge, die gut laufen sollen. Wir sprechen dann darüber, wie wir helfen und was wir alle tun können, um uns gegenseitig bestmöglich zu unterstützen. Diese Family Meetings sind für uns grossartig: Sie haben uns näher zusammengebracht und kontinuierlich mehr Verständnis für die Herausfor-

derungen des anderen geschaffen. Es hat definitiv Spannungen abgebaut und Missverständnisse beseitigt. Wir alle haben jetzt noch viel mehr das Gefühl, dass wir ‹in it together› sind, dass viele Dinge in unserer Kontrolle liegen und dass wir uns gegenseitig den Rücken stärken. Es hat uns auch geholfen, Stress wegen Dingen zu vermeiden, die vielleicht nicht perfekt, aber in der Gesamtbetrachtung gar nicht so wichtig sind. Es hat uns wirklich geholfen, als Familie glücklicher zu sein.»

Sich in – und dank – der Familie weiterentwickeln

«Die Zusammenarbeit mit Christian hat mich gelehrt, dass es Teil des inneren Friedens für mich selbst, unsere Familie und unser Zuhause ist, zu akzeptieren, wer wir sind und wer wir nicht sind. Schaffen Sie ein gesundes Klima in Ihrem Zuhause voller Feedback, Anregungen und Entdeckungen. Geben Sie Ihre Fehler und Schwächen als Ehepartner, Elternteil und FreundIn zu. Seien Sie ein Vorbild, wenn es darum geht, Feedback zu geben und zu erhalten.

Um dies zu erreichen, empfahl Christian, dass wir uns alle drei bis vier Monate konstruktives Feedback geben sollten. So bereitet nun jeder in unserer Familie ein paar Fragen im Voraus für jeden anderen vor. Zum Beispiel:
- *Was magst du am meisten an mir als deinen Ehepartner, als deine Mutter/ deinen Vater? Was denkst du sind meine besten Seiten?*
- *Wenn wir Zeit miteinander verbringen, hast du das Gefühl, dass ich dann voll da, engagiert und präsent bin?*

172

- *Wenn du einen Rat für mich hättest, der mich zu einer besseren Ehefrau/Mutter/einem besseren Vater oder uns zu einer besseren Familie machen würde, was wäre das?*

Dieses Ritual hat uns sehr positiv beeinflusst. Es hat uns viel näher zusammengebracht und es lässt uns kontinuierlich gemeinsam wachsen.»

«Mehr Leben» geniessen

Dies sind nur einige Beispiele, wie es möglich ist, mehr aus dem Leben zu Hause zu schaffen. Eines meiner Bücher – *More Life, Please!* – beinhaltet noch viele weitere praktische Ratschläge und Techniken. Aber das Wichtigste, woran Sie denken sollten, ist, dass es letztendlich an Ihnen liegt, die Verantwortung dafür zu übernehmen, Ihr Leben und das Leben der Menschen um Sie herum zu bereichern, nicht nur bei der Arbeit, sondern auch im privaten Bereich.

Nutzen Sie die Zeit in den kommenden Wochen, um in Ihrem Privatleben die gleiche Entschlossenheit für Exzellenz an den Tag zu legen, die Sie bereits in Ihre Arbeit einbringen. Ergreifen Sie positive Massnahmen, um gesunde Beziehungen in Ihrer Familie und zu Ihren Freunden weiter zu stärken.

Ich wünsche Ihnen viele aufregende und unvergessliche Momente!

DEN GOLDSTANDARD SETZEN – WIE MICHELLE GISIN

Ich möchte diese Ausgabe des *Spotlight on Performance* Michelle Gisin widmen, einer grossartigen Sportlerin, die in Peking an den Olympischen Winterspielen ihren Olympiasieg von 2018 verteidigte.

Michelle musste auf ihrem Weg zur zweiten Goldmedaille einen riesigen Rückschlag bewältigen, verursacht durch das Pfeiffersche Drüsenfieber im Sommer 2021. Mehr dazu gleich.

Eine echte Athletin

Seit 2015 arbeite ich mit Michelle als ihr Leistungspsychologe und Mental Coach zusammen. Michelle ist eine der komplettesten alpinen Skirennfahrerinnen der Welt. Sie erreichte in jeder Disziplin das Weltcuppodest – im Slalom, Riesenslalom, Super G, in der Abfahrt, und in der Kombination. Das ist eine äusserst bemerkenswerte und selten erbrachte Leistung im modernen Ski Weltcup, in dem sich immer mehr Konkurrentinnen auf eine oder zwei dieser Disziplinen spezialisieren.

2018 krönte Michelle ihre Karriere bei den Olympischen Winterspielen in Pyeongchang, als sie als erste Schweizerin Gold in der Alpinen Kombination gewann. Um diesen Erfolg zu würdigen, haben wir zusammen mit ihrer Schwester und Coach Dominique Gisin, die vier Jahre zuvor selber Olympiasiegerin im Skisport wurde, das Buch *A True Athlete* geschrieben. Das Buch beschreibt Michelles Weg zu dem, was wir alle für den Höhepunkt ihres Erfolgs hielten.

Doch jetzt, vier Jahre später, hat Michelle ihre Leistungen von 2018 sogar übertroffen, indem sie bei den Spielen in Peking zum zweiten Mal Olympiasiegerin wurde. Nach der Bronzemedaille im Super-G gewann sie in der Alpinen Kombination mit mehr als einer Sekunde Vorsprung. Diese fantastische Leistung katapultiert sie in den exklusiven Kreis derjenigen Weltklasse-Athletinnen und Athleten, die Gold bei zwei aufeinanderfolgenden Olympischen Spielen gewonnen haben.

Dies allein ist grossartig. Aber wenn Sie den steinigen und komplizierten Weg kennen, dem Michelle folgen musste, ist es wirklich grandios.

In Widrigkeiten adaptieren

Michelle beendete die vergangene Skisaison als Weltranglisten-Dritte. Sie erreichte diese starke Platzierung, indem sie an fast jedem Rennen in jeder Disziplin teilnahm und eine grosse Anzahl Ranglistenpunkte erzielte. Da Michelle zu den Athletinnen gehörte, die an den meisten Rennen teilgenommen hatte, war der Wettkampfstress und die Gesamtbelastung, unter dem sie sich befand, im Vergleich zu den meisten ihrer Konkurrentinnen, die sich auf ein oder zwei Disziplinen spezialisierten, fast einzigartig hoch. Ein Hauptaugenmerk meiner Arbeit lag daher unter anderem darauf, ihr zu helfen, ihr Energie-Management so produktiv und effektiv wie möglich zu gestalten.

Im Juli 2021 erlitt Michelle einen schweren Rückschlag, der sich fast katastrophal auf ihr Energieniveau auswirkte. Sie infizierte sich mit dem Pfeifferschen Drüsenfieber, auch bekannt als Mononukleose, einer Krankheit, die zu Fieber, Halsschmerzen und schwerer Müdigkeit führt, die monatelang andauern kann. Michelle beschrieb es in den Medien wie folgt: «Wenn ich mein gewohntes Programm trainiere, merke ich immer mehr, dass ich keine Energie habe und extrem müde bin. Es gibt Tage, da liege ich flach im Bett und mache keinen Schritt.»

Michelles Energielosigkeit hielt monatelang an und machte ein normales Training unmöglich. Michelle hatte ernsthafte Zweifel daran, ob und wann sie sich vollständig erholen würde.

Nach mehreren Monaten, schliesslich, verbesserte sich ihre Gesundheit, aber trotzdem musste sie sich schonen, indem sie ihre Trainingsbelastung erheblich reduzierte. Insgesamt errechneten wir, dass sie nur etwa 25–30 % ihres ursprünglich geplanten Trainingsumfangs im Kraftraum und auf den Skiern absolvieren konnte. Auf keinen Fall konnte sie nur annähernd den Trainingsumfang ihrer Konkurrentinnen übernehmen.

Wir wussten, dass wir etwas radikal umstellen mussten, damit Michelle wieder konkurrenzfähig wurde. Wir mussten definitiv «out of the box» denken, um eine Lösung zu finden. Ich sagte zu ihr: *«Wenn der übliche Weg nicht möglich ist, musst du es radikal anders machen.»* Zusammen im Team entschieden wir, ihr reduziertes Energieniveau durch spezielles körperliches

Training und durch noch gezieltere Arbeit an ihrem Mindset auszugleichen.

Wir ersetzten einen Grossteil von Michelles anfänglichem Trainingsplan durch tägliche mentale Übungen und Meditation. Ich arbeitete mit ihr an Themen wie dem Loslassen ihrer ursprünglichen Pläne, dem Setzen neuer (Mini-)Ziele, dem Schaffen positiver Emotionen und dem Visualisieren von Erfolgen. Die Olympischen Spiele in Peking waren unser ultimativer Fokus und trotz aller Nachteile, die ihre Krankheit mit sich gebracht hatte, verknüpften wir all diese Überzeugungen mit positiven Erfolgsaussichten, dass Michelle in der richtigen Verfassung sein würde, um ihren Olympiatitel am 17. Februar 2022 in Peking zu verteidigen.

Sie tat es! Stellen Sie sich die Freude vor, die wir alle empfanden, als Michelle als titelverteidigende Olympiasiegerin die Ziellinie überquerte.

Nach den Olympischen Spielen zog es Michelle konsequent durch. Sie absolvierte praktisch alle ausstehenden Weltcuprennen und beendete die Saison 2021/22 als Weltnummer 5 – ein Ergebnis, von dem wir am Anfang der Saison nicht einmal zu träumen gewagt hätten.

Was können Leader von Michelle lernen?

Hier sind einige Lehren, die wir alle aus Michelles Geschichte ziehen können:

- Bauen Sie durch gezieltes Energie-Management eine starke Grundlage für dauerhafte Höchstleistung auf.
- Arbeiten Sie gezielt daran, eine Winner-Mentalität zu entwickeln.
- Schaffen Sie kontinuierlich positive Emotionen.
- Seien Sie bereit, sich an Veränderungen und Rückschläge anzupassen.
- Lassen Sie Pläne los, die nicht mehr funktionieren.
- Vertrauen Sie darauf, dass es immer noch einen Weg zum Erfolg gibt.
- Visualisieren Sie den Erfolg.

Ein Champion sein

In dem sich ständigen verändernden Geschäftsumfeld von heute ist es für Führungskräfte wichtiger denn je, die Fähigkeiten eines gesunden, gewinnenden Mindsets zu erlernen. Es ist die Grundlage für die Überwindung aller Hindernisse, die Ihnen in den Weg gestellt werden.

Machen Sie es wie Michelle: Bereiten Sie sich vor wie ein Champion, adaptieren Sie wie ein Champion, performen Sie wie ein Champion.

SCHAFFEN SIE
INSPIRATION

Geht es Ihnen wie den meisten von uns, arbeiten Sie vorwiegend vom selben Ort, in Ihrer Wohnung oder in Ihrem Haus?
Für viele von Ihnen ist das sicher der Fall. Während der Covid-
19-Pandemie haben die allermeisten Führungskräfte von zu
Hause gearbeitet. Für einige von Ihnen könnte diese Situation
zukünftig zum Dauerzustand werden. Andere kehren vielleicht
ins Office zurück, aber das ist wahrscheinlich eher ein allmäh-
licher Prozess (und zukünftig vielleicht nur für einen Teil der
Arbeitswoche). Hinzu kommt, dass die meisten von uns keine
Business-Reisen unternommen haben. Das alles führt dazu,
dass unser Arbeitsumfeld – und wahrscheinlich auch unsere
täglichen Abläufe – kaum Veränderungen erfahren haben und
unverändert bleiben.

Natürlich begrüssen viele von uns die Arbeit im Homeoffice,
weil sie finden, dass wir hohe berufliche Leistung mit einem
weniger stressigen Lebensstil verbinden können. In früheren
Ausgaben meines *Spotlight on Performance* habe ich bereits
über die Vorteile vom Homeoffice geschrieben und praktische
Tipps gegeben, wie man unter diesen Umständen am produk-
tivsten sein kann.

Es gibt ein Bereich, der meiner Meinung nach in diesem Kontext besondere Aufmerksamkeit verdient. Es handelt sich um
die Herausforderung, inspiriert und kreativ zu bleiben, wenn
man vorwiegend allein arbeitet, in Arbeitsbedingungen, die sich
kaum ändern. Als Führungskraft müssen Sie nicht nur hervorragende Managementleistungen erbringen, sondern auch in-

spirierende Ideen und innovative strategische Überlegungen ausarbeiten. Deshalb möchte ich einige Gedanken mit Ihnen teilen, wie Sie unter den aktuellen Bedingungen Ihre Kreativität fördern und Ihre Inspiration entfachen können.

Kreieren Sie einen inspirierenden «Thinking Space»

Da die physische Umgebung, in der Sie arbeiten, einen erheblichen Einfluss auf Ihre Kreativität hat, empfehle ich Ihnen, einen halben Tag pro Woche für besonders wichtige strategische Aufgaben zu reservieren. In diesem «Thinking Space» können Sie sich auf die wichtigsten Themen konzentrieren, auf die Dinge, die den grössten Wert für Sie, Ihre Teams und Ihr Unternehmen schaffen.

Wenn Sie bei diesen wichtigen Aufgaben und Projekten deutliche Fortschritte machen, erhalten Sie neuen Schwung für Ihre gewünschten Ergebnisse. Das ist auch wichtig, um Ihre eigene Motivation konstant aufrechtzuerhalten. Sie werden sich inspiriert fühlen und auch andere in Ihrem Umfeld begeistern.

Ich empfehle das folgende Ritual: Schaffen Sie sich einen wöchentlichen drei- bis vierstündigen Block, in dem Sie sich vollständig auf eines dieser wichtigsten Themen konzentrieren können. Und tun Sie dies idealerweise an einem anderen Ort als in Ihrem Homeoffice oder Büro. Dies wird Ihnen helfen, diese Zeit mental als Ihren besonderen «Thinking Space» zu definieren. Wenn möglich, wählen Sie einen Ort, der Sie selber inspiriert (natürlich abhängig von Ihren Möglichkeiten und Ihrem aktuellen, durch Covid-regulierten Kontext). Einer meiner Klienten hat sich zum Beispiel eine Ecke der National-bibliothek ausgesucht, jeden Freitagmorgen von 8 bis 12 Uhr.

In die «Zone» kommen

Sobald Sie sich für die ideale Zeit und den besten Ort entschie-den haben, müssen Sie sich vollkommen darauf konzentrieren, sich in die «Zone» zu begeben – ähnlich wie Spitzensportler vor einem Wettkampf – um Ihre beste Leistung zu erbringen. Um diesen produktiven mentalen Zustand zu erreichen, empfehle ich Ihnen, bevor Sie sich in Ihren «Thinking Space» begeben, das Folgende zu tun:

1. Treiben Sie vorher etwas Sport (z. B. Laufen, Workout oder Yoga).
2. Führen Sie eine kurze Meditation aus.
3. Vermeiden Sie alle Störungen und Unterbrechungen, indem Sie z. B. Ihr Telefon ausschalten und Ihr E-Mail-Postfach ausblenden.

Planen Sie zudem im Anschluss an Ihren wöchentlichen «Thinking-Space» ein Treffen mit einer inspirierenden Person aus Ihrem Netzwerk (zum Beispiel zum Kaffee oder Lunch). Das wird Ihnen einen zusätzlichen Motivationsschub geben. Sie werden sich danach höchst engagiert, energiegeladen, motiviert und voller Ideen fühlen.

SCHAFFEN SIE INSPIRATION

Apropos inspirierende Menschen...

Sie haben die einmalige (und unglaubliche) Gelegenheit, mit zwei Ski-Olympiasiegerinnen einen ganzen Tag zu verbringen: Dominique Gisin und Tina Maze.

Sie wissen bestimmt, dass ich mit Dominique das Buch *Making It Happen* geschrieben habe. Inzwischen ist das Buch nun auch in englischer Sprache erhältlich. Neu haben wir eine limitierte Special Box zusammengestellt, die je eine englische und eine deutsche Ausgabe enthält, zusammen mit einer persönlich gewidmeten und signierten Karte von Dominique und Tina.

Gewinnen Sie das Goldene Ticket

Eine von insgesamt 500 limitierten Special Boxen enthält ein Goldenes Ticket, mit dem man einen ganzen Tag in den Schweizer Bergen mit Dominique und Tina gewinnen kann – und zwar mit vier Personen! Die glückliche Gewinnerin resp. der glückliche Gewinner kann also drei Freunde, Geschäftskollegen oder Familienmitglieder einladen. (Ich werde auch dabei sein, aber mit mir Ski zu fahren ist nicht besonders aufregend!)

Dies ist eine ausgezeichnete Gelegenheit, um:

- aus dem (Home-)Office für einen ganzen Tag in die Berge zu gehen
- zwei höchst inspirierende Menschen persönlich zu treffen – Dominique Gisin und Tina Maze
- aus erster Hand die Strategien kennenzulernen, mit denen die beiden ihre olympischen Goldmedaillen gewonnen haben.

Um das Buch oder die Limited Special Box zu bestellen, besuchen Sie die Website dominiquegisin.ch.

Ich wünsche Ihnen viel Inspiration und Erfolg!

DIE BRILLIANTE LEISTUNG
VON YANN SOMMER

Glückwunsch an den Schweizer Torhüter Yann Sommer für seine herausragende Leistung bei der UEFA EURO 2020 (2021)!

Mir ist bewusst, dass nicht alle, die diesen *Spotlight on Performance*-Newsletter lesen, Anhänger der Schweizer Fussballnationalmannschaft oder gar Fussballfans sind (ich bin beides, falls Sie es nicht schon wussten). Lesen Sie bitte trotzdem weiter, denn die Leistung der Schweizer Nationalmannschaft – und insbesondere von Yann – bei der UEFA Europameisterschaft bieten Inspiration und wichtige Lektionen für uns alle.

Zunächst einmal, was ist passiert? Zum ersten Mal seit über 50 Jahren erreichte die Schweiz das Viertelfinale, bevor sie knapp gegen das hoch favorisierte Spanien verlor.

Die gesamte Schweizer Mannschaft spielte fantastisch, als sie den aktuellen Weltmeister Frankreich aus dem Turnier schoss. Die Leistung von Yann war einer der Höhepunkte. Er gilt als einer der besten Torhüter des Turniers, nicht nur, weil er im entscheidenden Elfmeterschiessen eine Glanzparade gegen Starstürmer Kylian Mbappé zeigte, sondern auch wegen seiner konstant guten Leistung in allen unglaublich intensiven Spielen.

Der Wert der mentalen Vorbereitung

Wir können uns von Yanns Leistung inspirieren lassen, und es gibt praktische Lektionen, die wir lernen können.

Bei Sportlern erwarten die Zuschauer viel körperliches Training, das sich sowohl auf die Fitness als auch auf die technischen Fähigkeiten konzentriert. Aber Yann hat immer betont, wie viel Unterschied die mentale Stärke ausmachen kann – deshalb habe ich in den letzten zehn Jahren eng mit ihm zusammengearbeitet.

Hier ist, was Yann in einem Interview als Beitrag zu meinem Buch *The Melting Point* vor ein paar Jahren erzählte:

«Es ist sehr wichtig, in meinem Sport mental zu arbeiten. Das war der Grund, warum ich mich für die Zusammenarbeit mit Christian entschieden habe. Ich hatte kein spezifisches Problem, aber ich hatte das Gefühl, dass, wenn ich mich lediglich um fünf Prozent verbessern könnte, das im Fussball schon viel wäre, weil wir ja bereits auf einem hohen Niveau spielen. Ich war mir sicher, dass ich noch besser sein kann, wenn ich mental an mir arbeite.»

Yann hat nie das Gefühl, dass er ein Level erreicht hat, in dem er nichts mehr tun muss. Im Gegenteil: Seit mehr als zehn Jahren ist er fest entschlossen, sich noch mehr anzustrengen, um seine mentalen und emotionalen Fähigkeiten weiter zu maximieren. Er ist so ehrgeizig, weil er weiss, dass auf dem Spitzenniveau ein sehr schmaler Grat zwischen Erfolg und Misserfolg liegt.

In dem Interview sprach er darüber, wie er mental auf den Druck grosser Veränderungen oder Ereignisse vorbereitet ist, zum Beispiel, als er zu einem grossen Verein, Borussia Mönchengladbach, in Deutschland wechselte:

«Mit dem Druck umgehen zu können, ist das Wichtigste in unserem Geschäft. Als ich mich entschied, nach Deutschland zu wechseln, in eine grössere Liga, zu einem grösseren Verein, gab es mehr Medien, mehr Zuschauer, mehr Druck. An diesem Punkt war es für mich sehr wichtig, mit Christian zu arbeiten, damit ich darauf vorbereitet war. Wir sprachen darüber, wie mein Weg in Deutschland aussehen könnte, was die Leute dort über mich denken würden, was mit mir passieren und unter wie viel Druck ich stehen würde. Wir haben über alles gesprochen, und er hat mich auf alles vorbereitet.»

Die Schlüsselelemente in meiner Arbeit mit Yann ergaben sich häufig aufgrund neuer, wichtiger Erfahrungen, die auf ihn zukamen. Dies betrifft nicht nur den Wechsel nach Deutschland, sondern auch, wenn er für die Nationalmannschaft ausgewählt wurde oder wenn er kurz davor stand, bei einem grossen Turnier wie der Weltmeisterschaft oder der Europameisterschaft zu spielen:

«Es waren die grossen Ereignisse im Fussball, auf die ich mich mit Christian gezielt vorbereiten wollte, wobei er mir sehr geholfen hat. Wir haben zum Beispiel einen ‹Check-in› und ‹Check-out› erstellt. Vor einem Spiel mache ich also einen Check-in, das heisst, ich verwandle mich von dem Menschen, der ich gerade bin, in den Torwart, der ich im Spiel sein werde. Es ist eine kleine Meditation, bei der ich über Situationen im Spiel nachdenke. Durch eine Geschichte, die wir zusammen erarbeitet haben, stelle ich mir einige Situationen im Kopf vor – und bereite mich vor, was heute für mich wichtig ist und wie ich heute auf dem Platz spielen sollte.»

«Es ist wichtig zu wissen, dass ich über Fähigkeiten verfüge, die mir helfen, mich zu konzentrieren und mir helfen, mir vorzustellen, was während des Spiels oder während eines Ereignisses passieren kann. Diese mentale Übung kann ich in jeder Situation absolvieren.»

«Nach dem Spiel mache ich den Check-out indem ich vom Torwart wieder zur Person abseits des Platzes werde. Das hilft mir, abzuschalten, so dass ich mich entspannen und stressfrei sein kann.»

Geben Sie Ihr Bestes

Mentale Vorbereitung ist für Führungskräfte genauso wichtig wie für Spitzensportler wie Yann. Es ist eine wichtige Fähigkeit, die Sie entwickeln müssen, um mit grossen Ereignissen und Belastungen fertig zu werden, damit auch Sie Ihr Bestes geben können, wenn es am wichtigsten ist.

Im Prinzip ist die Check-In-Aktivität die gleiche wie die von Yann, welche es Ihnen ermöglicht, eine «beste Version von sich selbst» zu aktivieren. Die Schlüsselelemente sind:

1. Identifizieren Sie, wie es aussieht, «in Bestform» zu sein – was sind Ihre fünf Hauptmerkmale, wenn Sie in Bestform sind?
2. Atemübungen (Dauer 2–3 Minuten), um sich zu zentrieren,
3. Visualisierung – stellen Sie sich vor, wie Sie in Ihrer Leistungsumgebung «in Bestform» sind,
4. Nehmen Sie diesen hochpositiven, emotionalen Zustand mit und aktivieren Sie die beste Version von sich selbst als Performer oder Führungskraft, wenn es am wichtigsten ist.

Lernen Sie abzuschalten

Ich denke, der Hauptgrund, warum grosse Athleten ihren Ehrgeiz und ihren «Vorsprung» behalten, ist, dass sie gelernt haben, komplett abzuschalten, wenn sie es brauchen. Wie Yann oben beschrieben hat, sind sie in der Lage, regelmässig «off» zu sein.

«Der Sport ist mein Geschäft, und die Familie ist mein Privatleben, und ich hatte noch nie ein Problem, zwischen den beiden Dingen zu wechseln. Mit meiner Familie bin ich immer locker und entspannt, weil der Sport für mich eine andere Sache ist. Ich bin auch nach einem Fehler ruhig. Das ist sehr wichtig, denn wenn man nicht abschalten kann, ist das nicht gesund!»

Yann hat gelernt, ganz «im Moment» zu leben. Das erlaubt es ihm, vom Fussball abzuschalten, wenn er nicht trainiert oder spielt. Und das ist einer der Gründe, warum er – seit so vielen Jahren – so neugierig und hungrig nach ständiger optimaler Leistung ist.

Das Gleiche kann auch für Sie möglich sein!

Ich wünsche Ihnen einen entspannten Sommer.

FÜRS TEAM

In den vergangenen Ausgaben des *Spotlight on Performance* habe ich bereits einige Beispiele aus der Welt des Spitzensports herangezogen, um wichtige Lektionen für Führungskräfte herzuleiten. Das liegt daran, dass grossartige Athleten auf einer öffentlichen Bühne antreten und wir deswegen die Qualitäten bewundern können, die zu einem Triumph führen.

«Wie viel ist auf Teamwork zurückzuführen?»

In meinen Vorträgen, in denen ich auf das Erbringen von Spitzenleistungen von Weltklasse-Athleten eingehe, werde ich von Führungskräften oft gefragt, inwieweit solch grossartige Einzelleistungen auf Teamwork zurückzuführen sind. Meine Antwort lautet jeweils: wahrscheinlich viel mehr, als Sie denken.

Erfolg in Individualsportarten wird oft eindimensional betrachtet – als Leistung einer einzelnen herausragenden Sportlerin oder eines einzelnen herausragenden Sportlers. Das ist verständlich, denn als Zuschauer sehen wir natürlich meist nur die ausgeführte Leistung im Stadion oder auf der Piste. Aber diese Sichtweise ist sehr oberflächlich. In vielen Fällen findet hinter den Kulissen eine enorme Arbeit statt, an der viele verschiedene Menschen beteiligt sind, grossartige Coaches und Experten, die in einer aussergewöhnlichen starken Teamarbeit zusammenarbeiten. Ich habe das in der Vergangenheit bei Sportgrössen wie Roger Federer im Tennis oder Dominique und Michelle Gisin im Skisport erlebt.

Und kürzlich gab es ein weiteres grossartiges Beispiel – von Simona de Silvestro.

Sich auf die Ausführung konzentrieren

Simona ist eine der wenigen weiblichen Fahrerinnen in der Welt des Motor-Rennsports. Sie wird in den Medien als «wahrscheinlich die beste Allround-Fahrerin der Welt» bezeichnet. Ich habe in den letzten Monaten mit ihr gearbeitet, um mit ihr die Saison und sie insbesondere auf das Indy-500-Rennen in Indianapolis vorzubereiten.

Für diejenigen unter Ihnen, die mit den Anforderungen dieses Sports nicht so vertraut sind: Die IndyCar Series ist einer der härtesten Motor-Rennsportwettbewerbe der Welt. Vor allem das Indianapolis 500–Race ist das mit Abstand grösste Rennen der IndyCar Series. Das Prestige des Indy 500 zeigt sich an den riesigen Zuschauermengen, die es anzieht. Als es im Mai dieses Jahres stattfand, war es das grösste Sportereignis seit Covid-19. Das Oval war mit 135000 Fans gefüllt, obwohl die Kapazität aufgrund der Pandemie auf etwa 40% beschränkt war. Das 500-Meilen-Rennen (800 km, 200 Runden) dauert etwa drei Stunden, mit fünf Boxenstopps, und die Autos erreichen dabei Geschwindigkeiten von rund 230 Meilen pro Stunde (375 km/h).

Es erfordert aussergewöhnliche mentale Stärke, der enormen Intensität der hohen Geschwindigkeit und der direkten Konkurrenz durch die anderen Autos standzuhalten. Die Fähigkeit, derart lange fokussiert zu bleiben und Chancen zu nutzen, ist mitentscheidend für ein erfolgreiches Rennen.

Was das diesjährige Rennen noch spezieller machte – und noch mehr Erwartungen mit sich brachte – war, dass Simona ausgewählt wurde, die Hauptfahrerin von Paretta Autosport zu sein, dem ersten von Frauen geführten IndyCar-Team, in dem über 70 % des Personals weiblich sind. Dies war ein historischer Moment in der männerdominierten Welt des Motorsports.

Historischer Auftritt

Simonas Reputation entstand nicht von heute auf morgen. Es hat viele Jahre der Hingabe gebraucht, um dahin zu kommen, wo sie heute ist. In ihrer Karriere hat sie enormen Mut bewiesen. Um nur ein Beispiel zu nennen: 2011 zog sie sich Verbrennungen zweiten Grades zu, nachdem ein mechanischer Defekt beim Training für das Indy 500 zu einem Unfall geführt hatte. Der Unfall führte dazu, dass ihr Auto in den Fangzaun segelte, sich überschlug und auf den linken Reifen landete. Nur zwei Tage später kehrte sie zurück, um sich mit einem Ersatzauto für das Rennen zu qualifizieren, und erreichte in vier Runden eine Durchschnittsgeschwindigkeit von 360 km/h.

Parettas historischer Auftritt beim diesjährigen Rennen endete beim letzten Boxenstopp wegen einer unglücklichen technischen Panne, die auch andere Fahrer betraf. Nichtsdestotrotz haben Simona und das Paretta-Team bewiesen, dass sie ein Team geworden sind, das auf höchstem Niveau kompetitiv ist.

Schon bei der Qualifikation für das diesjährige Indy 500-Race zeigte Simona, dass sie in der Lage ist, massivem Druck standzuhalten. Wie Sie vielleicht wissen, ist die Qualifikation für das Rennen an sich schon eine bedeutende Leistung, denn jede Fahrerin resp. jeder Fahrer muss sich einen Platz in der Startaufstellung am Wochenende vor dem eigentlichen Rennen verdienen. Dafür musste sich Simona unter die schnellsten 33 Autos eines extrem knappen Feldes qualifizieren.

Fürs Team

Simona hat sich die Fähigkeiten angeeignet, herausragende Leistungen zu erbringen, wenn es darauf ankommt. Aber es gibt etwas, das ich noch beeindruckender finde als ihre fahrerische Exzellenz und ihre mentale Belastbarkeit – sie ist ein echter Teamplayer.

Das ist mir aufgefallen, als ich nach der diesjährigen erfolgreichen Indy-500-Qualifikation mit ihr sprach. Das erste, was Simona in unserem Debrief-Gespräch sagte, war: «*Weisst du, alle im Team haben so hart gearbeitet, ich wollte es unbedingt fürs Team schaffen.*»

Wie Roger, Dominique, Michelle und andere Champions ist sich Simona des Teams, das sie unterstützt, sehr bewusst und fühlt eine starke Verantwortung, ihre beste Leistung nicht nur für sich selbst, sondern auch für ihr Team zu erbringen. Es ist das Gegenteil von Ego, Status oder Arroganz. Es ist Ausdruck der Demut und Bescheidenheit eines wahren Sportlers, zu wissen, dass man nicht alleine erfolgreich sein kann. Ich finde diese Einstellung, höchste Motivation für das Erbringen der eigenen Bestleistung zu finden, fürs Team und die ganze Organisation erfolgreich zu performen, herausragend.

Was wir davon lernen können

Es gibt eine wichtige Lektion, sowohl für uns im Business als auch im Sport – das Streben nach der eigenen Spitzenleistung, nicht zum Selbstzweck, sondern quasi als Dienstleistung für unser Team und unsere Organisation.

In der heutigen «Promi-Kultur» ist es Mode, Erfolge an einzelnen Personen festzumachen. Stellen Sie sich hingegen in den Dienst des Gesamterfolgs Ihres Teams und Ihrer Organisation, werden Sie viel grössere Synergien schaffen – und ein Vorbild sein, das die Menschen um Sie herum inspiriert, füreinander, für das Team und die gesamte Organisation zu performen, um Grossartiges zu erreichen.

FÜRS TEAM

Simona hat uns gezeigt, dass wir passioniert unsere Ziele verfolgen und mit viel Selbstvertrauen sowie mentaler Stärke den Gesamterfolg anstreben können. Als Teamplayer. Sie ist – auch dank dieser Einstellung – ein Aushängeschild des Motorsports geworden, ein Vorbild für Mädchen und Frauen, und eine Inspiration für uns alle.

Ich wünsche Ihnen viel Erfolg,

MAKING IT
HAPPEN – WIE
DOMINIQUE GISIN

Viele von Ihnen wissen, dass ich mit Olympiasiegerin Dominique Gisin seit vielen Jahren in der Rolle als Performance Coach und Leistungspsychologe zusammenarbeite.

Der Höhepunkt von Dominiques aussergewöhnlicher Skikarriere war, als sie sich nach einer Serie von schweren Verletzungen zurückkämpfte und bei den Olympischen Spielen in Sotschi 2014 die Goldmedaille in der Abfahrt gewann. Mehr dazu später.

Seit ihrem Rücktritt vom professionellen Skirennsport packt Dominique die verschiedenen neuen Lebensbereiche mit dem gleichen Champion's Mindset an, mit dem sie Olympiasiegerin wurde: Sie absolvierte ein Studium an der ETH Zürich in Astrophysik, erwarb die Pilotenlizenz und wirkt aktiv in Non-Profit-Organisationen als Botschafterin mit, wie beispielsweise für das Rote Kreuz. Darüber hinaus wurde Dominique zur «Schweizer Sportlerin des Jahres» gekürt, zu einer der fünf meistinspirierenden Frauen der Schweiz gewählt und eingeladen, ihre faszinierende Geschichte bei zahlreichen renommierten Veranstaltungen zu präsentieren, wie z. B. bei «Talks at Google».

Es ist für mich ein grosses Privileg, weiterhin sehr eng mit Dominique zusammenzuarbeiten und meine Sichtweise auf ihre inspirierende Geschichte in unseren gemeinsamen Vorträgen und in unserem gemeinsam verfassten Buch *Making It Happen* zu teilen.

Making It Happen

wurde 2015 zum ersten Mal veröffentlicht und liegt nun in der dritten Auflage auf Deutsch vor. Auf Englisch war es noch nicht erhältlich – bis jetzt! Ich bin stolz, ankündigen zu können, dass das Buch jetzt auch auf Englisch veröffentlicht ist – und es damit einem grösseren Publikum auf der ganzen Welt zugänglich wird.

Ich lade Sie ein, dieses Buch zu lesen. Sie werden über Dominiques unglaubliche Belastbarkeit, Agilität und Entschlossenheit gegenüber extremen Widrigkeiten staunen. Und Sie werden besonders in schwierigen Zeiten in Ihrer Karriere und vielleicht auch in Ihrem persönlichen Leben von ihrer Geschichte als Inspirationsquelle profitieren können. Wie Dominique zum Einstieg ins Buch schreibt:

«Ich widme dieses Buch allen Menschen, die ihren Weg noch nicht bis ganz nach oben gehen konnten. All jenen, die Rückschläge erlitten haben. All jenen, die hart dafür kämpfen, ihre Träume zu verwirklichen. Und an alle, die tief gefallen sind und kurz davorstehen, aufzugeben. Möge dieses Buch Ihnen Zuversicht, Hoffnung und Inspiration geben, um Ihren eigenen Weg mutig weiterzugehen und Ihre Spuren zu hinterlassen.»

Mindset eines Champions

Ich möchte Ihnen an dieser Stelle gerne einen Eindruck von der mentalen und emotionalen Stärke vermitteln, die für Dominique bei ihrer Transformation von einer von schweren Verletzungen geplagten und auf das «Abstellgleis» gestellten Athletin zu einem grossen Champion eine entscheidende Rolle spielte.

Als Teenager hatte Dominique mehrere Knieoperationen, wodurch sie im Vergleich zu ihren Konkurrentinnen ein grosses Erfahrungsdefizit hatte. Trotzdem schaffte sie es, sich bis zur Qualifikation für die Olympischen Spiele in Vancouver 2010 durchzukämpfen. In Vancouver war sie auf Medaillenkurs, als sie stürzte und sich eine schwere Gehirnerschütterung zuzog. Die meisten Experten dachten, dass ihre Karriere vorbei sei, da dieses jüngste Desaster zu den vielen vorherigen Verletzungen hinzukam.

Dominique aber änderte ihren Ansatz, kämpfte sich wieder zurück und reiste vier Jahre später zu den Olympischen Spielen in Sotschi. Später sagte sie gegenüber den Medien: «Sich für diese Olympischen Spiele zu qualifizieren, war wahrscheinlich die härteste Herausforderung in meiner Karriere. Ich dachte schon ans Aufgeben.» Sie hat sich nicht nur qualifiziert – sie hat gewonnen! Und der Moment des Sieges hätte nicht emotionaler und intensiver sein können, denn zum ersten Mal in der Geschichte überquerten zwei Frauen die Ziellinie mit identischen Zeiten, auf die Hundertstelsekunde genau, und beide gewannen die Goldmedaille in der Disziplin Abfahrt.

Transformation ist der Schlüssel

Die andere Goldmedaillengewinnerin war Tina Maze, eine Legende im alpinen Skisport, die immer noch den Rekord für die meisten erreichten Punkte in einer Saison hält. Um solche Spitzenleistungen zu erreichen, musste sich Tina mit den beiden schnellen Disziplinen vertraut machen: Abfahrt und Super G.

Tina hat freundlicherweise das Vorwort zur englischen Ausgabe von *Making It Happen* geschrieben. Darin gibt sie einen persönlichen Einblick in ihre eigene Transformation hin zu einer der komplettesten Skifahrerinnen der Geschichte. Lassen Sie mich einige ihrer Worte teilen:

«Selbst heute kann ich kaum glauben, dass ich Abfahrts-Olympiasiegerin bin, denn ich habe als jemand angefangen, der Angst hatte, zu stürzen, sogar schnell zu sein, jemand, der definitiv Angst hatte, zu springen. Ich erinnere mich noch daran, wie mir Dominique bei den Olympischen Spielen in Vancouver zugeschaut hatte, als ich meine Geschwindigkeit vor den Sprüngen mit einem zusätzlichen Schwung kontrollierte... es war beschämend. Aber ich hatte so viel Angst davor, schnell zu sein und weit zu springen, während Dominique die Sprünge ohne Probleme schaffte und kontrollierte. Ich sagte zu mir selbst: Natürlich kann sie Flips und Flops machen, in den Lüften mit den Skiern sein, sie ist eine Pilotin – ich nicht!»

«Wie auch immer...durch viel Training und Teamwork wurde ich auch eine Abfahrts-Skifahrerin. Vier Jahre später neben Dominique ganz oben auf dem Podium zu stehen, war wie: ‹Hell YES! Wir haben das verdient!› – Es fühlte sich für alle Beteiligten so RICHTIG an!»

«Und wissen Sie was...ich weine! Ich habe Dominique von dem Moment an, als ich sie zum ersten Mal getroffen habe, als jemand Besonderes bewundert, und sie ist immer zu 100% sich selbst geblieben.»

Was für eine wunderschöne Art und Weise für Tina, die Emotionen zu beschreiben, die mit so einer bedeutenden Wende einhergingen.

Was können wir daraus lernen?

Solche Transformationen passieren nicht zufällig und sie kommen immer mit Emotionen und Ängsten. Tina erwähnt «viel Training und Teamwork», Dominique erzählt über einzelne Momente, in denen sie nach einer Ausrede suchte, um nicht an Wettkämpfen teilzunehmen, weil sie Angst vor dem Versagen und vor weiteren Verletzungen hatte.

Dominiques und Tinas Transformationen sind für jeden relevant, der den Wunsch hat, hervorragende Leistungen zu erbringen. Wir können in unseren Jobs vielleicht keine olympischen Goldmedaillen gewinnen, aber wir können uns bemühen, die Mentalität und die Methoden dieser beiden grossen Champions zu übernehmen, um in unserem eigenen Bereich Leistungen auf Goldstandard zu erzielen. Hinter ihrem Erfolg stehen wichtige Lektionen für uns alle:

- Setzen Sie sich grosse Ziele. Denken Sie darüber nach, was Sie wirklich erreichen wollen. Wie sieht Erfolg für Sie aus? Was bringt Sie dazu, Ihr Potenzial auszuschöpfen und sich erfüllt zu fühlen? Für Dominique und Tina war nichts weniger als olympisches Gold genug.
- Setzen Sie sich mit Ihren Ängsten auseinander. Dominique und Tina waren in der Lage zu erkennen, was sie zurückhielt. Und arbeiteten gezielt daran, die Ängste in den Griff zu bekommen. Wovor haben Sie Angst?
- Arbeiten Sie hart an sich selbst. Selbst die grössten Champions arbeiten hart, um sich mit dem vertraut zu machen, was sich zunächst nicht richtig und gut anfühlt. Roger Federer adaptierte seine Herangehensweise selbst dann, als er bereits 17 Grand Slams gewonnen hatte! Es benötigte viel Training, aber er hat seitdem drei weitere Grand Slam Titel gewonnen. Also, woran müssen Sie arbeiten?
- Bauen Sie ein starkes Team auf. Dominique, Tina, Roger – keiner von ihnen hätte ohne die Expertise und Unterstützung ihres Teams solch aussergewöhnliche Spitzenleistungen erbringen können. Suchen Sie sich also die Top-Leute, denen Sie voll und ganz vertrauen können und die Ihnen helfen, über sich hinauszuwachsen.

Egal, wo Ihre Leidenschaft liegt, Sie können grossartig, ja sogar zu den Besten in Ihrem Gebiet werden. (Übrigens lassen sich viele dieser Lektionen auch auf Ihr Privatleben übertragen und helfen Ihnen, auch dort Gesundheit, Glück, Frieden und Erfüllung zu finden).

Sie können es schaffen – holen Sie sich Gold!

EIN STARKES
FÜHRUNGSTEAM
VIRTUELL AUFBAUEN

«Es fühlt sich an, als würde ich Euch alle schon viel länger kennen. Ich habe in der kurzen Zeit mehr Vertrauen zu Euch aufgebaut, als wenn wir zusammen im selben Büro arbeiten würden!» Dies kommentierte ein Mitglied eines Führungsteams, mit dem ich kürzlich zusammengearbeitet hatte, beim Abschluss unserer letzten Team Excellence Session.

Es war nicht das erste Mal, dass ich dies hörte.

Die Herausforderung

In diesem Jahr wandten sich mehr Führungskräfte denn je mit der Frage an mich, ob und wie sie in einem vermehrt virtuellen Arbeitsumfeld ein starkes Team aufbauen und weiter stärken können.

Einige zögerten, etwas zu unternehmen, da sie der Meinung waren, dass es nicht möglich sein würde, die gleiche emotionale Bindung herzustellen, wie wenn sie physisch zusammen im selben Raum arbeiteten. Sie waren der Meinung, dass die Momente, in denen man in den Pausen oder beim gemeinsamen Mittagessen eine Verbindung aufbaut, nicht ersetzt werden könnten. Zudem sei es schwierig, die nonverbale Sprache der Kollegen und Kolleginnen über den Bildschirm adäquat zu «entschlüsseln».

Wenn ich diese Führungskräfte frage, was sie an der virtuellen Teamarbeit herausfordernd finden, sagen sie:

- Sie vermissen die Energiequelle der persönlichen Interaktionen im Büro und der Diskussionen auf dem Flur.
- Sie müssen mehr Zeit investieren, um KollegInnen besser kennenzulernen.
- Es ist schwieriger für neue Teammitglieder, sich zu integrieren und starke Arbeitsbeziehungen aufzubauen.
- Erfolge werden «digital» kaum mehr gefeiert.
- Es gibt mehr Raum für Missverständnisse.
- Die Kommunikation auf der zweidimensionalen Ebene erfordert (zu) viele E-Mails, um Klarheit zu gewährleisten.

Das verstehe ich. Aber diese Herausforderungen können überwunden werden.

Planung des virtuellen Ansatzes

Ich habe mit Führungsteams gearbeitet, die sich noch nie physisch (F2F) getroffen haben. Tatsächlich stammt das Zitat am Anfang dieses *Spotlights on Performance* von einem Mitglied solch eines Führungsteams. Nichtsdestotrotz haben es diese Teams geschafft, einen derart starken Zusammenhalt aufzubauen, dass Sie es als Inspiration nehmen können, um das Gleiche mit Ihren Teams zu erreichen.

Wenn Sie einen gezielten Ansatz wählen, die virtuellen Sessions wohlüberlegt und gut strukturiert durchführen, wird es zu ähnlichen Ergebnissen führen, als wenn Sie sich gemeinsam in einem Raum treffen würden: Jedes Teammitglied konzentriert sich mehr auf die gemeinsamen Ergebnisse, übernimmt Verantwortung, zeigt Commitment, meistert Konflikte, beteiligt sich produktiv an Debatten und baut weiter Vertrauen auf.

Hier sind drei Schlüsselelemente, die Sie als Führungskraft dabei berücksichtigen sollten:

Fördern Sie gezielt das gegenseitige Vertrauen und den Respekt:
Laden Sie die Teammitglieder ein, ihre persönlichen Geschichten und Hintergründe mitzuteilen – Dinge, die ihre Sicht auf die Welt beeinflusst haben. Je mehr die Teammitglieder gegenseitig über ihre Hintergründe Bescheid wissen, desto respektvoller und integrativer werden sie mit der Vielfalt umgehen können. Das virtuelle Format hat den Vorteil, dass Sie jeden bitten können, dies im Voraus vorzubereiten, z. B. in PowerPoint mit Bildern, so dass es noch greifbarer wird, als wenn man dies ad hoc in einem F2F Meeting tun könnte. Dieses Element ist besonders effektiv, wenn es darum geht, globale Teams aus unterschiedlichen Ländern und Kulturen zusammenzubringen.

Binden Sie Ihre Teammitglieder in den Aufbau des Teams mit ein:
Bitten Sie sie, einige Aspekte der Teamentwicklung zu leiten. Fragen Sie beispielsweise nach Freiwilligen, die einige Break-out-Sessions leiten möchten, in denen eine kleinere Gruppe von Teammitgliedern Vorschläge für das gesamte Team ausarbeitet, bevor sie diese dann wieder in das Team zurück-

bringen, um sie gemeinsam fertigzustellen. Solche Vorschläge können zum Beispiel die wichtigsten Regeln für die effiziente Zusammenarbeit im virtuellen Kontext sein oder die Art und Weise betreffen, wie das Team die Aufnahme neuer Mitglieder bestmöglich unterstützen kann. Das virtuelle Format hat den Vorteil, dass die Teammitglieder während der Gruppendiskussion in den Breakout-Sessions sehr engagiert sind, da es sich nur um eine kleine Anzahl von Teammitgliedern handelt und deswegen alle zu Wort kommen. Darüber hinaus ist die Führung der Gruppen auf mehrere Schultern verteilt, wodurch eine übermässige Arbeitsbelastung für jeden Einzelnen vermieden wird.

Geben Sie die Möglichkeit für kontinuierliches Feedback: Stärken Sie die Beziehungen im Team, indem Sie kurze Einzelgespräche zwischen den Teammitgliedern einplanen, um Feedback darüber zu geben, was in der Zusammenarbeit geschätzt wird, was man anders/besser machen und wie die Kollaboration in Zukunft noch weiter verbessert werden kann. Das virtuelle Format ermöglicht es, dies auf eine persönliche Art und Weise zu tun, ohne dass jemand anderes anwesend ist, der von einem solchen Gespräch allenfalls ablenkt oder gar mithört. Das ermöglicht es, ehrlich, konstruktiv und höchst produktiv zu sein.

Machen Sie den Unterschied

Als erfolgreiche Führungskraft wissen Sie, dass es keine kluge Entscheidung wäre, ihre Teams in einem «remoten» Umfeld nicht gezielt aufzubauen und weiter zu stärken. Sie würden damit nicht nur das Bedürfnis Ihrer Mitarbeitenden nach Zugehörigkeit und ständigem Fortschritt ignorieren, sondern auch riskieren, dass Sie hinter andere Teams zurückfallen, die trotz des sich verändernden Umfelds agieren, die Situation als Chance erkennen und als Vorteil nutzen.

In herausfordernden Zeiten liegt es an Ihnen als Führungskraft, den grösstmöglichen Erfolg anzustreben. Ihre Entscheidungen werden neue Opportunitäten schaffen. Ihre Handlungen werden den Unterschied ausmachen. Besonders bei Ihren Teams.

Ich wünsche Ihnen viel Erfolg.

DAS MINDSET
VON CHAMPIONS

Auch wenn sich die Persönlichkeitsmerkmale von Spitzenper-
formern und erfolgreichen Führungskräften teilweise stark
unterscheiden, so gibt es unabhängig davon auch überein-
stimmende Fähigkeiten und Einstellungen – das Mindset. Dazu
gehört die Fähigkeit, die eigene Psyche zu regulieren und auf
den Punkt zu fokussieren sowie eigene, dem grossen Erfolg im
Weg stehende Glaubenssätze ins Positive zu verändern. Beides
kann man lernen. Darauf habe ich mich seit dem Ende meiner
aktiven Karriere als Fussballprofi vor über 20 Jahren als Leistungspsychologe und Executive Coach spezialisiert.

Entscheidende Vorteile

Es gibt zum einen psychologische Techniken, die man sich
individualisiert aneignen muss, um die eigene Leistung auf
höchstem Niveau zu erbringen. Das Ergebnis: Nervenstärke
und psychische Belastbarkeit. Dies bringt in Momenten des
höchsten Leistungsdrucks und der Anspannung die entscheidenden Vorteile.

Das Aneignen von Techniken, um mentale und emotionale
Stärke zu erreichen, ist das eine. Die andere Aufgabe besteht
darin, die eigenen, dysfunktionalen Muster und Glaubenssätze
zu erkennen, zu durchbrechen und langfristig positiv zu verändern. Man muss dafür erst einmal zur folgenden Einsicht
gelangen: «So wie ich bis jetzt gedacht habe, und wie ich das
bisher gemacht habe, geht das nicht mehr weiter nach oben.
Ich muss etwas ändern.»

Grundsätzlich sind sich viele ambitionierte Führungskräfte (wie auch Spitzenathleten) des Phänomens bewusst, dass Traum, Ziele und Realität hier auseinanderdriften und man dafür selbst die Verantwortung trägt. Darauf muss man sie selten hinweisen. Auch die Absicht, etwas zu verändern, kommt in der Regel von alleine. Viel schwieriger ist das WIE und damit ein konkretes WAS? Was soll ich jetzt wie anders machen und woher soll ich das wissen?

Inspiration und Kreativität

Wenn man nicht selber darauf kommt (was nur den Allerwenigsten gelingt), braucht es dafür Inspiration und Expertise auf höchstem Niveau. Mir wurde als Executive Coach schnell klar, dass ein entscheidender Unterschied zwischen den Guten und den Besten exakt darin liegt, dass selbst die Formel aus wahrgenommener Diskrepanz von Traum, Zielen und Wirklichkeit zusammen mit dem Leistungsdruck und sogar einer Handlungsanleitung nicht automatisch zu erfolgreicher Musterveränderung führt. Gerade in schwierigen Situationen ist es entscheidend, mit Hilfe von Inspiration und Kreativität neue Denkmuster und Glaubenssätze systematisch aufzubauen.

Eine der Herangehensweise mit Klienten, die sich in schwierigen Situationen befinden oder entscheidende Phasen erleben, sieht wie folgt aus. Ich rate ihnen, sich Folgendes zu fragen: «Nach allem, was bisher passiert ist, und in der Situation, wie sie sich darstellt: Wie würde ein Champion agieren?» Diese Vorgehensweise bewirkt Entscheidendes. Man wird zuversichtlich, mutig, offensiv, entschlossen und gewinnt wertvolle Motivation aus ureigener Kraft – und schafft sich damit die Basis für grossartige Leistungen.

Für SpitzenperformerInnen, aussergewöhnliche Führungskräfte und Top Coaches

Für eines meiner Bücher *The Melting Point* bat ich Severin Lüthi, Roger Federers langjährigen Tennis-Coach, Kapitän des Schweizer Davis Cup Sieger-Teams 2014 und Coach des Jahres, mit dem ich seit vielen Jahre zusammenarbeite, um seine persönlichen Ansichten. Severin gab mehrere, hoch interessante Aspekte darüber preis, wie er sein eigenes Mindset als Top Coach weiterentwickelt hat.

«Wenn man es an die absolute Weltspitze bringen und sich dort etablieren will, muss man sich ständig verändern und verbessern. Ich reflektiere unterbrochen darüber, was ich noch ändern und besser machen kann – denn was im letzten Jahr eine gute Lösung war, ist es heute vielleicht nicht mehr. Ich bin ständig bestrebt, Herausforderungen neu und anders anzugehen, selbst dann, wenn ich in der Vergangenheit eine funktionierende Lösung gefunden hatte. Dafür suche ich bewusst den Input von aussen, beispielsweise von Vorgehensweisen in anderen Sportarten und Geschäftsfeldern. Ich finde darin sehr viele Ideen und grosse Inspiration.»

«Ich würde mich persönlich als einen Menschen bezeichnen, der von seinen Ansichten grundsätzlich stark überzeugt und deswegen nicht auf viele andere Meinungen angewiesen ist. Ich habe mich jedoch permanent bewusst dahingehend weiterentwickelt, dass ich mich für Input und Kritik interessiere. Das hat mir geholfen, mein Coaching auf dem höchsten Level noch weiter auszubauen. Ich wollte mich durch das gleiche Mindset auszeichnen wie meine Spitzenspieler. In meiner Rolle beispielsweise erledige ich deswegen nicht einfach nur einen Coaching-Job, sondern ich zeige mein bestes ‹Coaching-Game›. Chris hat mir geholfen, dieses Mindset aufzubauen.»

Mindset und top Performance

Machen Sie Ihre eigenen Leistungspotenziale nutzbar und peilen Sie den grösstmöglichen Erfolg an. Tun Sie das mit dem Mindset eines Champions. Übernehmen Sie eine dynamische Einstellung und den Willen, sich ständig zu verbessern und zu verändern. Fokussieren Sie sich auf die ganz grossen Ziele. Und erfinden Sie sich gleichzeitig permanent neu, indem Sie immer neugierig und kreativ bleiben.

Ich wünsche Ihnen weiterhin viel Erfolg – Be a Champion!

LEADERSHIP IN ZEITEN
OHNE LEHRBUCH

Die Covid-19-Pandemie hat in unglaublich kurzer Zeit enormen Einfluss auf unser aller Leben genommen. Vor wenigen Monaten noch wäre es uns schwergefallen, uns vorzustellen, welche kollektiven Veränderungen uns im Beruflichen und Privaten bevorstehen. Wir alle waren von jetzt auf gleich gezwungen, uns an eine Situation anzupassen, für die wir kein Lehrbuch zurate ziehen können. Wie sollen wir mit dieser aussergewöhnlichen Situation umgehen?

Viele neue Herausforderungen – im Büro und zu Hause

Als Führungskraft spüren Sie die Auswirkungen der Krise beispielsweise in gestiegener Arbeitsbelastung und erhöhter Dringlichkeit. Die Konsequenz daraus ist, dass sich Prioritäten verschieben und Sie Strategien und Pläne anpassen müssen. Gleichzeitig gilt es, damit zurechtzukommen, dass sich die Art zu arbeiten und zu kommunizieren völlig verändert hat. Aus physisch zusammenarbeitenden Teams sind virtuelle Teams geworden. Es wird auch in dieser Konstellation von Ihnen erwartet, für Ihre Teams da zu sein, Sie zu unterstützen. Und das alles in dem Bewusstsein, dass jedes Ihrer Teammitglieder mit eigenen Herausforderungen kämpft.

Jenseits des Geschäftlichen sind Sie möglicherweise ebenfalls mit zusätzlichen, neuen Bedürfnissen konfrontiert: Die Kinderbetreuung, Schulbildung oder Familienorganisation – eventuell benötigen zudem auch Ihre Eltern/Schwiegereltern Ihre Unterstützung.

Eine derart schnelle Umstellung, so viele, völlig neue Herausforderungen – im Büro und zu Hause – führen unweigerlich dazu, dass man sich noch stärker gefordert und belastet fühlt. Vielleicht fällt Ihnen auf, dass Sie sich leichter als sonst ablenken lassen, anfälliger sind für sorgenvolle oder negative Gedanken und weniger gut abschalten können. Womöglich schlafen Sie schlechter oder haben Schwierigkeiten, gute Gewohnheiten und Routinen, die Ihnen sonst Kraft und Energie geben, aufrechtzuerhalten. Möglicherweise machen Sie sich Sorgen um sich selbst und Ihre Lieben. Und wenn Sie alleine leben, fühlen Sie sich vielleicht isoliert.

Auf was es jetzt ankommt

Viele Führungskräfte geben mir die Rückmeldung, dass ihnen insbesondere zwei meiner Bücher in harten Zeiten Rückhalt geben: *The Melting Point* (Resilienz aufbauen als Führungskraft) und *More Life, Please!* (Das Familienleben so gestalten, dass man regelmässig wertvolle Momente miteinander erlebt). Für die aktuellen, noch nie dagewesenen Zeiten möchte ich folgende Anregungen daraus mit Ihnen teilen, worauf es jetzt ankommt.

Mentaler Übergang zwischen «Arbeit» und «Zuhause»

Schaffen Sie sich vor jedem Arbeitsbeginn ein paar Minuten Ruhe, um sich mental und emotional darauf einzustellen, top Leistung zu bringen. Meditieren Sie fünf bis zehn Minuten, um den Kopf komplett frei zu kriegen. Konzentrieren Sie sich fünf Minuten lang auf Ihren Atem und gehen Sie gedanklich Ihre Stärken durch. Stellen Sie sich Ihre beste Seite von Ihnen vor. Machen Sie sich ganz bewusst zum Ziel, in persönlicher und beruflicher Bestform zu sein, insbesondere in diesen ungewohnten Zeiten. Widerholen Sie das Ganze später gegen Abend, wenn Sie wieder im Privaten «ankommen» wollen. Wenden Sie diese Routine jeden Tag an – insbesondere auch dann, wenn Sie von zu Hause aus arbeiten.

Erzielen Sie Fortschritte

Der Schlüssel zu nachhaltig hoher Motivation ist das Gefühl, in den entscheidenden Angelegenheiten voranzukommen und Fortschritte zu erzielen. Schreiben Sie sich frühmorgens auf, was heute ansteht. Wählen Sie dann zwei Dinge aus dieser Liste, die den grössten Einfluss auf das Vorankommen Ihrer Prioritäten haben. Reservieren Sie dafür jeweils 45 Minuten, in denen Sie sich ausschliesslich diesen Angelegenheiten widmen. Planen Sie mindestens zwei solcher Fokus-Phasen pro Tag ein. Wenn Sie dadurch spürbaren Fortschritt in entscheidenden Angelegenheiten erreichen, wird das Gefühl endlos ansteigenden Drucks schwinden.

Befreien Sie das Schlafzimmer von technischen Geräten

Schützen Sie Ihre Privatsphäre, insbesondere im Homeoffice. Verbannen Sie alle technischen Geräte aus dem Schlafzimmer. Dieser Ort ist ausschliesslich für Ruhe und Erholung bestimmt, um dort frei zu sein von allem, was Sie im Büro fordert und belastet. Machen Sie nur im absoluten Notfall eine Ausnahme. Schlafen Sie 7.5 Stunden pro Nacht. Sie brauchen dies, um klar und energiegeladen zu agieren.

Zusammenkommen, sprechen, unterstützen

Vereinbaren Sie fixe Termine mit Ihrer Familie. Idealerweise jeden Tag zur selben Zeit. Diese Termine sind dazu da, um sich auf bestimmte Aktivitäten abzustimmen (die «Familien-Highlights des Tages»). Daraus entstehen sehr schöne, gemeinsame Momente. Genauso wichtig ist, dass Sie alles Nötige gemeinsam besprechen, um Aufgaben im Haushalt fair zu verteilen. So vermeiden Sie Reibereien und Stress. Ein unterstützendes, abgestimmtes und vertrauensvolles Familienumfeld entsteht nicht ohne jeden Aufwand, aber es lohnt sich, zu investieren. Gerade jetzt.

Bieten Sie Ihren Familienmitgliedern Ihre fürsorgliche Unterstützung aktiv an und bitten Sie auch selbst darum. Das schafft unschätzbaren Kitt zwischen Ihnen allen.

Gehen Sie gut mit sich um

Gehen Sie gut mit sich selbst um: Achten Sie auf eine gesunde, ausgewogene Ernährung, ausreichend Bewegung, Schlaf (7.5 h) und Zeit für sich selbst. Das ist kein Egoismus. Es ist wichtig, sich um seine eigene Energie zu kümmern. Nur wenn wir ausgeruht und energiegeladen sind, können wir eine nachhaltige Stütze für andere sein. Und: Als Partner, Mutter oder Vater können wir nur leisten, was wir leisten müssen, wenn wir uns selbst lieben und genauso gut mit uns selbst umgehen wie mit anderen.

Seien Sie authentisch

Innerhalb einer Familie können die Herausforderungen des Lebens noch härter sein. Verstecken Sie sich nicht davor, sondern seien Sie Sie selbst. Zeigen Sie, wo Sie verletzlich sind und wo Ihre Stärken liegen. Wenn Sie etwas vermasseln, entschuldigen Sie sich und machen Sie sich Gedanken, wie Sie alles wieder in Ordnung bringen. Die aktuelle Situation ist für uns alle neu, also erwarten Sie von sich nicht, dass Sie damit perfekt umgehen.

Melden Sie sich, wenn Sie Unterstützung brauchen

Mein Job ist es, Führungskräfte zu supporten, berufliche und private Herausforderungen zu meistern. Bitte zögern Sie nicht, sich bei mir zu melden, wenn ich Sie in einem der folgenden Bereiche unterstützen kann:

- Ein maximal produktives Homeoffice zu Hause einzuführen
- Eine Quelle der Inspiration und Motivation für Ihr Umfeld zu sein
- Ihre Teams auf maximale Effizienz und Effektivität einzuschwören

- Gute Gewohnheiten zu verankern und nachhaltig Resilienz aufzubauen
- Bedingungen schaffen, um als Familie viele gute Momente zu erleben
- Die volle Kontrolle über das eigene Leben – zu Hause und im Büro – wiederzugewinnen

Bleiben Sie stark in diesen Zeiten.

TEAMSPIRIT ODER TOPLEUTE – WIE BEIDES GEHT

Richard, einer meiner Klienten, ist als Leader gefordert. Vor zwei Jahren hatte er eine neue Mitarbeiterin – Stella – für eine äusserst wichtige Position eingestellt: als Drehscheibe für sämtliche Informationen inner- und ausserhalb seines erfolgreich laufenden Geschäftsbereichs. Stella ist am Puls des Geschehens, permanent à jour was läuft und was sowohl innerhalb der Firma wie auch nach aussen hin kommuniziert wird. Binnen kürzester Zeit entwickelte sie sich zu einer aussergewöhnlichen Leistungsträgerin.

Rasante Transformation

Seit ihrem ersten Tag in dieser Rolle hat sie eine bemerkenswert schnelle Entwicklung gemacht und die Stufen der Executive Performance Transformation von «drawn in» über «obsessed» und «ready for success» zu «playful» souverän durchlaufen. Deswegen liefert sie inzwischen absolute Spitzenleistungen mit Leichtigkeit, identifiziert sich sowohl mit den hohen Leistungszielen wie auch mit der Kultur des Unternehmens, setzt Prioritäten für den Gesamterfolg richtig und scheut keine Mühen, sich für Kunden, Kollegen und Entscheidungsträger bestmöglich einzusetzen. Für Richard wurde bereits in den ersten Monaten der Zusammenarbeit klar: Stella ist ein Glücksgriff und bringt einen speziell hohen Mehrwert für die Organisation. Auch deswegen bezieht sie Richard mehr und mehr in strategische Fragen mit ein und geht öfter zu ihm als zu anderen für spezifischen Input. Von Stellas Ideen und Leistungen profitiert der ganze Geschäftsbereich.

Anerkennende und missgünstige Stimmen

Den anderen Teammitgliedern bleibt das nicht verborgen. Nebst den anerkennenden Voten zu Stellas Leistungen hört Richard seit kurzem zunehmend kritische und bisweilen missgünstige Stimmen: «Zählen Stellas Ansichten und Ideen mehr als unsere?», «Kriegt Stella eine Sonderbehandlung?» oder «Läuft sie uns den Rang ab?» Richard ist deswegen als Leader in zweierlei Hinsicht gefordert: Er muss Stella weiterhin bestmögliche Rahmenbedingungen bieten, um ihr aussergewöhnliches Leistungspotenzial kontinuierlich zu entfalten. Und er muss die Emotionen und Wahrnehmungen im Team harmonisieren, die Schieflage im Teamgefüge managen.

Die Schieflage korrigieren

Im gemeinsamen Coaching erarbeiteten wir dafür zwei spezifische Herangehensweisen, die er konsequent umsetzt:

- Richard drückt regelmässig und explizit seine Dankbarkeit und Wertschätzung für Stellas aussergewöhnliche Leistungen aus. So verhindert er, Stellas top Performance im intensiven Alltagsgeschäft als selbstverständlich zu nehmen. Zudem formuliert Richard höchste Erwartungen an Stella, insbesondere bezüglich ihres Team-Verhaltens. Er macht ihr in jedem seiner zweiwöchentlichen 1:1-Meetings konsequent bewusst, unter welcher Beobachtung sie von den anderen Teammitgliedern steht und welchen Einfluss sie auf das Team hat. Sie muss in jeglicher Hinsicht als Vorbild agieren.

In Teammeetings beispielsweise empfiehlt er Stella, sich zu einem Thema jeweils als Letzte zu Wort melden, so dass sich die anderen nicht überfahren fühlen. Dabei sollte sie bei ihrer Wortmeldung immer erst wertschätzend auf die eines Teammitglieds Bezug nehmen, bevor sie ihre eigenen Gedanken äussert: «Dein Punkt vorhin war super. Dazu habe ich gleich noch eine Überlegung.»

- Parallel dazu wirkt Richard aufs ganze Team ein. Dafür beruft er einen Teamworkshop ein. Er unterstreicht dort explizit und transparent – aus seiner Sicht – den Wert eines jeden Teammitglieds für den Gesamterfolg. Insbesondere betont Richard auch die Teamplayer-Qualitäten jedes Einzelnen. Schliesslich lädt er in einer strukturierten Form zu 1:1-Gesprächen zwischen den Teammitgliedern ein. Alle bereiten sich vor und teilen sich in den Gesprächen mit, was sie aneinander aussergewöhnlich gut finden, welches Verhalten im Sinne des optimalen Teamworks verbessert werden kann und wo sie sich gegenseitig noch besser unterstützen werden. Auf dieser Basis gibt jedes Teammitglied sein persönliches Commitment, das Team noch weiter zu stärken.

Insbesondere lädt Richard für seine eigenen 1:1-Gespräche alle Teammitglieder ein, ihm selber Feedback zu geben: Fühlt sich jeder ausreichend eingebunden? Bekommt jeder die Gelegenheit, sich mit seinen Ideen einzubringen? Wird jeder entsprechend wertgeschätzt?

Leistungskultur und Wertschätzung

Ich bin beeindruckt von Richards Umsetzungsstärke, denn er erzielt auf diese Art zwei Dinge: Er macht das grossartige Leistungspotenzial von Stella weiterhin nutzbar und etabliert neben einer Leistungskultur auch einen Spirit gegenseitiger Wertschätzung.

Übrigens: Wie hätte es ausgesehen, wenn Richard sich nicht derart um beides gleichermassen gekümmert hätte? Wir sind im Coaching einige Szenarien durchgegangen, die für Richard alle keine gute Option darstellten.

- Die Stimmen aus dem Team ignorieren und sich nicht ver-änderungsbereit zeigen.
  > Signal: «Der Teamspirit ist mir nicht wichtig.»
- Stella bremsen und weniger mit einbeziehen, so dass sich die anderen im Team nicht ungerecht behandelt fühlen.
  > Signal: «Hauptsache, alle sind einigermassen zufrieden. Der maximale Erfolg ist mir nicht so wichtig.»
- Trotz Stellas enormem Leistungspotenzial keine entspre-chenden sozialen Ansprüche stellen.
  > Signal: «Solange du, Stella, top Performance lieferst, ist es mir nicht wichtig, wie du auf die anderen im Team wirkst.»
- Den Teammitgliedern keine Möglichkeit bieten, ihm selber sowie einander Feedback zu geben, um sich maximal inklu-diert und gleichwertig wertgeschätzt zu fühlen.

> Signal: «Es ist mir egal, wie ihr euch fühlt. Seid nicht so wehleidig.»

Teamspirit und Topleute

Trauen Sie sich, aussergewöhnliche Leistungspotenziale in Ihren Teams nutzbar zu machen und gleichzeitig die Wertschätzung im gesamten Team zu kultivieren. In jedem Fall scheuen Sie sich nicht, solche Situationen direkt zu adressieren – es lohnt sich.

Ich wünsche Ihnen für Ihre aktuellen Herausforderungen viel Mut und Umsetzungsstärke.

Packen Sie's an.

A TRUE
ATHLETE

An den Olympischen Spielen in Pyeongchang errang Michelle Gisin, mit der ich seit mehreren Jahren zusammenarbeite, einen historischen Sieg: Als erste Schweizer Athletin gewinnt sie olympisches Gold in der Alpinen Kombination! Dabei bestand bereits am Tag zuvor die realistische Hoffnung auf eine Medaille in der Abfahrt. Damit wäre für Michelle ein Traum in Erfüllung gegangen, denn ihre Schwester Dominique hatte vier Jahre zuvor in Sotschi olympisches Gold bei der Abfahrt geholt. Doch es sollte anders kommen.

Kampf bis ins Ziel

Dominique reist als Michelles Coach mit nach Pyeongchang und bereitet sie akribisch auf jedes Rennen vor, auch auf das Abfahrtsrennen. Michelle ist fit, meistert die Trainings und ist auch mental klar und frei. Alles stimmt, als Michelle an den Start geht, doch danach geht alles schief: «Bereits nach wenigen Kurven fühlte ich mich seltsam», fasst Michelle im Fernseh-Interview zusammen. «Ich konnte die Schwünge nicht so durchziehen und so beschleunigen, wie ich es gewohnt war. Auch meine Ideallinie konnte ich nirgends halten. Es war ein Kampf bis ins Ziel. Zuletzt stürzte ich auch noch beim Abschwingen auf der Zielgeraden. Ich lag im Zielraum und mein grosser Traum von einer Olympia-Medaille in der Abfahrt war zerbrochen. Das Einzige, was ich denken konnte, war: ‹Ich habe es nicht geschafft›.»

Was war passiert? Auf den ersten Metern der Abfahrt waren Michelles Ski verbrannt. Die vereiste Piste hatte sich aggres-

siv in die dünnen Rennskier gefressen. Auf solchen Skiern ist
es unmöglich, die hohen Abfahrtsgeschwindigkeiten bis zu
150 km/h zu kontrollieren. Bis ins Ziel gelingt es Michelle, die
Balance zu halten, ausgerechnet auf der Ziellinie verliert sie
den Halt und stürzt in den Zielraum. Zieht sich Prellungen und
eine Gehirnerschütterung zu. Vor ihrem letzten Rennen der
Alpinen Kombination war sie nun weder fit noch mental klar
und frei. Es waren 30 Stunden bis zu ihrem nächsten Rennen
und der letzten Chance auf eine Medaille bei diesen Olympischen Winterspielen.

30 Stunden entscheiden über Sieg und Niederlage

Alle Hoffnungen waren nun auf das nächste und letzte Rennen
am darauffolgenden Morgen gerichtet. Die folgenden Stunden
sollten über Sieg und Niederlage entscheiden. Es war an ihrer
Schwester Dominique und mir, Michelle wieder aufzurichten
und in ihr die Kraft zu wecken, aller Widrigkeiten zum Trotz
an den grossen Triumph zu glauben und dafür zu kämpfen.
Unser Input musste auf den Punkt sein – wir durften nichts
dem Zufall überlassen. Wie Dominique ihre Schwester unterstützte, coachte und für sie da war, war eine ungeheure Leistung, die ihresgleichen sucht.

A True Athlete – Das Buch

A True Athlete erzählt die Geschichte dieser 30 Stunden vor
Michelles historischem Rennen, die regelrecht zu einem Thril-

ler wurden, aus drei unterschiedlichen Perspektiven: Michelles, der Athletin, Dominiques, als Coach und Schwester, und meiner, als ihr Leistungspsychologe.

Das Buch erzählt auch die Geschichte der Familie Gisin, für die Zusammenhalt und Loyalität zu gelebten Werten gehören. Die vielen fantastischen Bilder illustrieren zudem, was Freunde und Familie schon lange über Michelle und Dominique wissen: Wie gleich und verschieden zwei Schwestern doch sein können und wie jede auf ihre eigene authentische Art den grösstmöglichen Erfolg – den Olympiasieg – erreicht hat.

Was Führungskräfte lernen können

Für Michelle waren die Olympischen Spiele in Pyeongchang 2018 eine ungeheuer wichtige Erfahrung. Wie sie daran gewachsen ist, davon zeugt ihr Buch. Wie sie daraus gelernt hat, teilt sie darin mit uns. Wer sich das Buch nicht kauft, hier relevante Auszüge für Sie als Leader:

«JEDE PERSÖNLICHKEIT IST WANDELBAR.
HABE DEN MUT, AN DIR ZU ARBEITEN, UM ZU WERDEN,
WER DU SEIN WILLST!»

Michelle weiss, dass Perfektion das Ergebnis intensiven Trainings ist, das Zeit, Kraft und Disziplin kostet. Einen solchen Weg zu gehen, braucht Mut.

A TRUE ATHLETE

«INVESTIERE IN BEZIEHUNGEN,
DIE DICH WEITERBRINGEN!»

Michelle kann immer auf ein starkes Netzwerk zurückgreifen, das sie auffängt, wenn sie es braucht und sie darin unterstützt, was sie braucht. Auch das hat sie sich erarbeitet.

«VERÄNDERUNG GEHT EIN LEBEN LANG.
GENIESSE DEN ZUSTAND, NIE FERTIG ZU SEIN.»

Jeder liebt das Hochgefühl, Erfolge zu feiern. Wer nur davon zehrt, weiss nie, wie lange er bis zum nächsten warten muss. Michelle hat gelernt, auch den Weg und jeden Fortschritt wertzuschätzen.

Das zeichnet sie als wahre Athletin aus. Ich wünsche Ihnen, dass Michelles Leistung Ihnen als Inspiration für Ihre Leistung dient.

Das Buch gibt es in vier Sprachen (Deutsch, Französisch, Italienisch und Englisch). Bestellen Sie es unter dominiquegisin.ch. Dort finden Sie auch den neuen Keynote Vortrag. Michelles Karriere verfolgen Sie unter www.michellegisin.ch.

EXECUTIVE PERFORMANCE TRANSFORMATION

Jeff war emotional berührt, als seine Chefin, die CEO seines Unternehmens, im Meeting mit dem Leadership Team seine Tätigkeiten der letzten Monate zusammenfasste. Sie präsentierte die massiven Fortschritte im Umbau seiner globalen Geschäftssparte.

Rückblende: Vor 18 Monaten übernahm Jeff die Geschäftsführung einer globalen Sparte des Unternehmens. Er musste die Sparte strategisch neu ausrichten und umfassend umstrukturieren. Die Umstrukturierung erwies sich als vielschichtig, verflochten und forderte seine Anwesenheit auf fünf Kontinenten – kontinuierlich. Vom ersten Tag an musste er Ergebnisse liefern, mit einem Führungsteam, das dysfunktional auf die überfällige Umstrukturierung reagierte. Trotz eindeutiger Faktenlage und mehrerer Gespräche gab es Teammitglieder, die sich gegen die neue Ausrichtung wehrten. Schliesslich musste er auch das Führungsteam anders zusammenstellen. Der Druck auf Jeff war immens.

Verbissen, emotional, kräftezehrend

Als Jeff sich in dieser Zeit an mich wendet, erinnert er sich noch gut an seine ersten Wochen in der neuen Rolle. Er freute sich auf jeden Arbeitstag, ging mit grosser Neugier und Tatendrang auf die Aufgaben zu, lernte und entdeckte täglich etwas Neues. Trotz des immer stärkeren Drucks hatte er Spass an seiner Rolle, war voller positiver Energie. Im Laufe der Zeit jedoch offenbarte sich das Ausmass des ihm bevorstehenden Kraftakts. Selbst in den Bereichen, die er «gesund» und funktional glaubte, entdeckte er Mängel. Zudem arbeiteten die einzelnen Abteilungen nicht miteinander, sondern gegeneinander. Er musste auf Herausgabe wichtiger Informationen bestehen und das verlief nur dann erfolgreich, wenn er vor Ort und persönlich empfindlichen Druck ausübte. Der Gedanke, permanent den Überblick behalten und alles kontrollieren zu müssen, begleitet Jeff tagein, tagaus – auch an Wochenenden. Verbissen stürzte er sich in die Arbeit. Der Job zehrte unablässig an seinen Kräften, Freude empfand er dabei nicht mehr.

Nach 18 Monaten

«Das haben wir Jeff zu verdanken», schloss seine Chefin ihre Zusammenfassung ab. *«Eine solche Leistung in so kurzer Zeit zeugt von wahrer Leidenschaft und wahrem Leadership. Wir können froh sein, jemanden wie dich in unserem Team zu haben.»* Das ging runter wie Öl nach diesen strapaziösen 18 Monaten. Als die CEO das Meeting beendet hatte, lud sie Jeff noch zum gemeinsamen Lunch ein und er war wieder emotional berührt: *«Ich möchte dich auf meine Nachfolge vorbereiten. Kannst du dir vorstellen, das ganze Unternehmen zu führen?»*

In unserer Coaching Session im Anschluss an den Lunch mit der CEO zauderte er: *«Ich weiss nicht, ob ich das will. Mir fehlt die Freude.»*

Die anfängliche Freude, die Jeffs Leidenschaft für seinen Job und die Firma geweckt hatte, die positive Energie, die er anfangs empfunden hatte, waren unter dem starken Druck entschwunden.

Phasen ohne Freude sind okay

Ich arbeite mit Jeff ganz gezielt an seiner Executive Performance Transformation, ein Konzept, das ich in meinem Buch *The Melting Point – How to stay cool and sustain world-class business performance* ausführlich beschreibe.

Am Anfang einer neuen Rolle sind Sie voller Tatendrang, begeistert von neuen Aufgaben und motiviert, sie auf höchstem Niveau zu meistern (Stufe 1 «Drawn in»). Nach einer Weile weicht die Begeisterung einer Art Besessenheit: Verantwortung, Zeitdruck und Workload fordern Ihnen immer mehr ab. Um der wachsenden Aufgabe gerecht zu werden, leisten Sie noch mehr und leisten es länger (Stufe 2: «Obsessed»). Kritischer Wendepunkt dieser Stufe ist, wichtige mentale Schritte nach vorn zu machen. Das ist die härteste Arbeit: Sie blicken anders auf Ihre Mitarbeiter, die Abteilung, den Geschäftszweig und wie sie verwoben sind. Sie reflektieren und lernen immer wieder Neues über die Branche, Zusammenhänge und organisatorische Dynamiken. So priorisieren Sie entschieden: Was mache ich selber, wofür braucht es mich selber (und was kann ausser mir niemand machen) und was muss ich konsequent delegieren? Wenn Sie diesen Bogen raushaben, sind Sie bereit für erste grosse Erfolge. Dieser entscheidende Fortschritt auf der Executive Performance Transformation besteht darin, Ihre Verhaltensmuster geduldig und konsequent anzupassen (Stufe 3 «Ready for Success»). Bei kontinuierlicher Weiterentwicklung der Verhaltensmuster erreichen Sie einen Punkt, ab dem Sie Ihre Leistung spielerisch erbringen. Sie verfügen über ausreichend Wissen und Erfahrung, um souverän zu priorisieren und zu fokussieren. So sind Sie in der Lage, unter der enormen Verantwortung cool zu bleiben und dem hohen Leistungsdruck gerecht zu werden. Jetzt geniessen Sie Ihre Arbeit wieder – sie bereitet wieder Freude (Stufe 4: «Playful»).

Jeff befindet sich zwischen «obsessed» zu «ready for success». Diese Phase zeichnet sich nicht durch Freude und Spass aus, ist aber notwendiger Bestandteil des Entwicklungsprozesses zur Erbringung nachhaltiger Spitzenleistung. Viele Leistungsträger erleben diese Phase gleich – es ist okay und normal, dass es in dieser Phase wenig Spass macht.

Exzellenz auf allerhöchstem Niveau

Jeff weiss nun nicht, ob die Position des CEO das Richtige für ihn ist, weil er in seiner aktuellen Rolle als Geschäftsführer keinen Spass und nur wenig Freude empfindet. Er fragt sich, wie das wohl aussähe, wenn er sich dem noch grösseren Druck der CEO-Position aussetzen würde.

Es ist aber nicht nur der Spass und auch nicht die Freude allein, die uns signalisieren, dass wir in unserem Element sind. Wir sind vielmehr dann in unserem Element, wenn wir immer besser werden wollen. Wenn wir bereit sind, uns dafür anzustrengen und mitunter auch richtig zu leiden. Leidenschaftlich eine Sache zu verfolgen heisst nicht, dass wir sie zu jedem Zeitpunkt geniessen, uns permanent darauf freuen oder ausschliesslich begeistert davon schwärmen. Leidenschaftlich eine Sache zu verfolgen heisst, sie nicht aufgeben, wenn sie uns nicht mehr leichtfällt, weil wir noch keine neuen Verhaltensstrategien entwickelt haben, um auf höherem Level erfolgreich Leistung erbringen zu können. Leidenschaftlich eine Sache zu verfolgen heisst, hart an sich selbst zu arbeiten, neue Verhaltensstrategien zu entwickeln, intelligent anzuwenden und umzusetzen. Das ist Exzellenz auf allerhöchstem Niveau.

Entscheidend ist, dass Jeff nicht in diesem verbissenen, kräftezehrenden Performance-Muster verharrt, sondern aktiv durch die Executive Performance Transformation Stages schreitet. Das erlebte Verhältnis aus Freude und Leistung wird dann ein anderes. Es wird immer besser.

Ich freue mich, ihn dabei zu unterstützen – und ihm vielleicht bald zur Nomination zum CEO zu gratulieren. Auch in dieser Position würde ihm die Transformation wieder bevorstehen. Nur würde er sie, dank den gemachten Erfahrungen, schneller und effizienter durchlaufen.

Ich wünsche Ihnen viel Erfolg bei Ihrer Executive Performance Transformation.

PEP TALK –
EINSCHWÖREN
AUF DEN
GEMEINSAMEN ERFOLG

Für viele Team-Sportarten ist jetzt die spannendste Zeit – auf der ganzen Welt laufen Finals und Endspiele. Unzählige Menschen sehen fieberhaft dem UEFA Champions League Finale oder den entscheidenden Spielen in NBA und NHL entgegen, um nur einige zu nennen. Gerade bei diesen Spielen sind die Stadien voll bis auf den letzten Platz und viele weitere Millionen verfolgen gebannt die Wettkämpfe der besten Athleten weltweit.

Zeitungen, Radio und Magazine lassen sich keine Story entgehen. Beinahe alles rund um die Finals wird von den Medien aufgegriffen, da bleibt quasi nichts im Verborgenen. Heute werden der Öffentlichkeit hochinteressante Details zugänglich, über die sich viele womöglich noch nie Gedanken gemacht haben. Eines der interessantesten Phänomene spielt sich jedoch im Geheimen, hinter den Kulissen, jenseits von Kameras und Mikrofonen ab. Die letzten Momente direkt vor dem Spiel, wenn alle Spieler in der Kabine nochmals als Team zusammenkommen und der Coach seine letzte Ansprache hält. Hier gilt es, ihnen nochmals Mut, Ehrgeiz, Durchhaltevermögen und Teamgeist einzuimpfen, unmittelbar bevor sie ins Stadion einlaufen, um zu performen: um das Team auf Erfolg einzuschwören.

Pep Talk ist eine wirksame Methode für Enthusiasmus, Inspiration und Tatkraft

Diese Art von Ansprache wird Pep Talk genannt. Pep Talk gilt als wirksame Methode im Spitzensport und niemand würde weder Wert noch Bedeutung bestreiten, derart etabliert ist diese Quelle für Enthusiasmus, Inspiration und Tatkraft. Die besten Sport-Coaches der Welt sind sich darin einig, dass diese wenigen Minuten direkt vor einem Spiel enorm wichtig für die Spieler und die Leistung des Teams sind. Aus diesem Grund herrscht auch Konsens darüber, dass dieser Moment gründlicher Vorbereitung bedarf und nichts dem Zufall überlassen bleibt, um die gewünschte Wirkungskraft zu entfalten. Auf einen überzeugenden Pep Talk vor einem wichtigen Spiel zu verzichten, wäre töricht und ein klarer Wettbewerbsnachteil.

Der Unterschied zwischen einem professionellen Sportteam und einem Business Leadership Team

Im Vergleich zwischen professionellen Sportteams und Führungsteams in der Geschäftswelt gibt es einige Unterschiede, gerade was die Differenzierung von Training und Performance betrifft: Sportteams wissen exakt, wann sie trainieren und sie wissen ganz genau, wann sie zum Spiel auflaufen, um zu performen. Für Leistungsträger in Unternehmen ist die Unterscheidung schwierig bis fast unmöglich. Tatsächlich könnte man sagen, dass es eigentlich so gut wie kein «Training» im Verlauf eines gewöhnlichen Tagesablaufs gibt. Noch dazu verändern sich möglicherweise die Prioritäten der Aufgaben, Anforderungen und Vorgaben im Verlauf von Tagen oder Wochen. Wo eine Mannschaft im Teamsport sich nur und ausschliesslich auf das nächste Spiel konzentriert (es wäre komplett unsinnig, sich auf das übernächste Spiel zu konzentrieren), können sich Leistungsträger in Unternehmen an unzähligen Herausforderungen gleichzeitig abarbeiten. Sie performen quasi rund um die Uhr. Oftmals ist es genau das, was die Teilnehmenden eines Leadership Teams zu Beginn eines Meetings wahrscheinlich im Kopf haben, wenn sie ihre Plätze einnehmen: «Unfinished Business», also ihre eigenen Angelegenheiten, die noch bearbeitet werden müssen. Dies macht es oft schwierig, ein Höchstmass an Konzentration auf das anstehende Meeting und die übergeordneten Ziele aufzubringen.

Die Gemeinsamkeiten

Glücklicherweise haben professionelle Sportteams und Leadership Teams auch etwas gemeinsam: einen Leader, der in der Lage ist, die vielen Individuen auf ein Ziel, nämlich gemeinsamen Erfolg, auszurichten. Dafür sollten Vorgesetzte in ihren Eröffnungsansprachen ausgewählter Meetings regelmässig inspirierende, energetische Momente schaffen, die alle Teammitglieder optimistisch und souverän auf das gemeinsame Ziel und den übergeordneten Sinn einschwören. Auch und gerade auf dem Senior Executive Level ist das ausserordentlich wichtig. Senior Leaders brauchen (und verdienen) Inspiration durch ihre Vorgesetzten. Eher selten werden lange, hochintellektuelle Reden erwartet, weil diese in ihrer Langatmigkeit jede Wirkungsentfaltung lähmen.

PEP TALK – EINSCHWÖREN AUF DEN GEMEINSAMEN ERFOLG

Was Sie als Führungskraft tun können

Bereiten Sie in Ihrer Funktion als Führungskraft authentische, gut strukturierte und prägnante Pep Talks vor, in denen Sie sowohl den aktuellen Stand der Dinge als auch den für die Zukunft wünschenswerten Zustand betonen. Honorieren Sie dabei explizit die bisherigen Leistungen und Stärken Ihres Teams, nennen Sie auch positive Aspekte der Unternehmenskultur, der Team-Zusammenarbeit und vor allen Dingen: den höheren, übergeordneten Sinn und Zweck, dem Sie und Ihr Team dienen. Ein solcher 5-Minuten Pep Talk am Anfang und/oder Ende eines Teammeetings wird Ihr Team zusammenschweissen und es auf den gemeinsamen Erfolg einschwören. Übrigens: Machen Sie sich keine Sorgen, wenn sich in Ihren Ansprachen einige Elemente wiederholen werden, Sie müssen nicht jedes Mal einen komplett neuen Pep Talk entwerfen. Man wird Ihnen danken, dass Sie die relevanten Erfolgsfaktoren über-kommunizieren, denn diese unmissverständliche Klarheit verschafft Ihrem Team emotionale Sicherheit und Selbstvertrauen – daran wird jeder gern erinnert. Nutzen Sie diese Chancen und seien Sie Ihren Teams eine regelmässige Quelle für Inspiration und Motivation.

Ich wünsche Ihnen viel Erfolg!

FORMEN SIE IHR
TEAM AUF
ANHIEB RICHTIG

Vor Kurzem erhielt ich von einem meiner Klienten einen Anruf. Er war zum Divisions-Leader der Blue Chip Organisation befördert worden, wo er nun seit fünf Jahren arbeitete. Es handelt sich um einen Bereich mit mehreren tausend Mitarbeitenden und über hundert Millionen Dollar Budgetverantwortung. Er freute sich zu Recht über die Nominierung und wollte diese Emotionen mit mir teilen. Gleichzeitig stellte ihn diese Beförderung aber auch vor die Herausforderung, sein neues Leadership Team geschlossen hinter sich zu bringen und zu gewährleisten, dass es zusammen mit ihm an einem Strang zieht. Er wusste, dass es mehrere Kolleginnen und Kollegen gab, die ebenfalls auf die Beförderung aspiriert hatten.

Big Job

Seine Bedenken waren zweierlei: Wie sollte er es schaffen, gerade von denjenigen ehemaligen Kollegen, die sich ebenfalls Chancen auf die neue Rolle ausgerechnet hatten, ihre Akzeptanz zu gewinnen und im gesamten Team gleichermassen Motivation zu aktivieren? Und wie konnte es ihm gelingen, eingefahrene Muster und Abläufe in dem Team aufzubrechen, dessen Teil er bisher selbst gewesen war?

Er wollte dies weder dem Zufall überlassen, noch mit dem Ansatz «Ich muss dem Team einfach nur etwas Zeit geben, bis es sich findet» vorgehen. Er sagte zu mir: «*Dies ist ein Big Job, Chris – Ich brauche dich für einen tiefenscharfen Blick von aussen, unsere internen HR-Leute stecken selbst zu tief drin. Hier gilt: First time right!»*

Zielerreichung und aussergewöhnliche Erfolge
sind eine logische Folge

Externe Expertinnen und Experten unterliegen weder einem unternehmenskulturellen Kodex, noch sind sie in Büropolitik und interne Seilschaften verstrickt. Mit praktischer Erfahrung, hoch spezialisiertem Fachwissen und neutralem Blick ist das die beste Grundlage, um eine starke Strategie für den systematischen Aufbau eines langfristig gesunden Teams zu entwickeln und umzusetzen.

Beim Aufbau eines starken Führungsteams unterscheide ich drei verschiedene Arten von Führungstypen:

- Individuen-ManagerIn: koordiniert vorwiegend einzelne Aufgaben und Mitarbeitende zur Zielerreichung und Aufgabenerfüllung.
- ArbeitsgruppengestalterIn: teilt Aufgaben und bringt die Teammitglieder in eine Struktur, um gewisse Ziele effizienter zu erreichen, versucht aber vorwiegend, die Zusammenarbeit mechanisch über Prozesse zu steuern.
- True Leader: kombiniert Aufgaben und Persönlichkeiten im Kollektiv so, dass gesunde und langfristige Synergien auf fachlicher und menschlicher Ebene geschaffen werden – Zielerreichung und aussergewöhnliche Erfolge des Teams als Kollektiv sind dann eine logische Folge.

80 % scheitern am Forming

Die meisten Bedenken hatte mein Klient hinsichtlich des «Forming». Viele von Ihnen kennen das: Am Anfang sind neu zusammengestellte Teams vordergründig nett, höflich und anständig miteinander, während jeder für sich auslotet, die eigenen, individuellen Ziele voranzutreiben und grösstmöglichen persönlichen Vorteil aus der neuen Konstellation zu ziehen.

Er brauchte eine Strategie, um oberflächliche Harmonie in echte, hochfunktionale Kooperation zu verwandeln. Allein durch seinen Anruf bestätigte er seine enorme Führungsstärke: True Leaders investieren strategisch Zeit (und Geld), um das Leadership-Team in einer frühen Phase systematisch aufzubauen. Er wollte verhindern, dass sein Team unter die 80 % derer fällt, die am Forming scheitern.

Um nicht zu riskieren, das Team zu früh aufs «daily business» anzusetzen, ohne die wahre gemeinsame Zugkraft entwickelt zu haben, verständigten wir uns auf ein 12-monatiges Programm mit dem Leadership Team:

- Zusammenbringen des Leadership Teams in drei Offsite Sessions
- Von mir begleitete und analysierte Teammeetings
- Strategische Calls und persönliche Meetings mit den einzelnen Teammitgliedern

Damit beeindruckte er mich am meisten

Über diesen Ansatz kann ich mit ihm und allen Teammitglie-dern interagieren und allen extern-objektive Rückmeldung zu den Teamdynamiken geben. Zudem erlebe ich meinen Klienten «live» als Leader – in Action – und kann auch ihm hinsichtlich seines Leadershipverhaltens und seiner Wirkung Feedback geben. Weiter können wir flexibel die Stossrichtung anpas-sen und gemeinsam inspirierende Ansprachen vorbereiten, in denen er Bedenken und Schwierigkeiten offen anspricht und auch seine Wertschätzung ausdrückt.

Womit hat er mich nun am meisten beeindruckt? Er hat enorme Souveränität bewiesen, indem er nicht dem kurzfristigen Druck des Business nachgegeben hat, sich so schnell wie möglich dem «daily business» zuzuwenden, sondern wertvolle Zeit und Res-sourcen in den systematischen Aufbau des Teams investiert.

True Leaders – Aussergewöhnlicher Erfolg

In der heutigen schnelllebigen Zeit, in der wir zwischen all unseren Rollen und auf alle Ereignisse höchst flexibel reagie-ren sollen, müssen wir der Tatsache Priorität geben, dass es aktive Anstrengungen braucht, damit Menschen untereinan-der wirkliche Bindungen zueinander aufbauen. Diese Bindun-gen sind auf professioneller Ebene notwendig, um gemeinsam Höchstleistungen zu erbringen. Ziel von True Leaders ist es, neu zusammengestellte Teams in eine echte Gemeinschaft zu transformieren, in welcher deren Mitglieder durch echte Loyalität und Solidarität einander Energie geben, anstatt sich im Kampf um den eigenen Vorteil Energie zu nehmen. Nur so kann ein Team als Ganzes nachhaltig Aussergewöhnliches vollbringen. Hier gilt es, schnellstmöglich hochprofessionell im Sinne von Team Excellence eine solide Grundlage für erfolgreiches, wahres Teamwork zu schaffen: Eine Kultur und Atmosphäre, die eine Vielfalt von Persönlichkeiten, Meinungen und Ideen nicht nur akzeptiert, sondern aufrichtiges Interesse aneinander aktiv fördert und wohlwollend einfordert. Exzellente Teams sind weder das Produkt scheinbar harmonierender CVs oder glücklicher, zwischenmenschlicher Konstellationen und schon gar nicht brauchen sie «einfach nur etwas Zeit» – sie sind Aufgabe und Ertrag von gezielten, exzellenten Führungsaktivitäten, die das Team systematisch aufbauen.

Seien Sie ein True Leader.

Ich wünsche auch Ihnen viel Erfolg mit Ihrem Team!

ÜBER DEN AUTOR

Dr. Christian Marcolli zählt weltweit zu den renommiertesten Experten für nachhaltige Spitzenleistungen. Er betreut globale Top-Executives und Business Leaders, marktführende Organisationen und Spitzensportler, damit sie aussergewöhnliche Resultate erzielen. In den Medien wird er «einer der besten Experten im Bereich Teamwork» und «das Erfolgsgeheimnis von Sportstars» genannt. Seine Kunden sind aktuelle – und zukünftige – globale Marktführer. Er ist der Gründer und Inhaber von Marcolli Executive Excellence, einer hoch spezialisierten Management-Beratungsfirma, die sich auf die Förderung von Personal Leadership Excellence, Teameffizienz sowie die Leistungsmaximierung von Organisationen konzentriert.

Seit 1997 unterstützt Dr. Marcolli erfolgreich auf der ganzen Welt Führungskräfte, UnternehmerInnen, EntscheidungsträgerInnen und Führungsteams in der Entwicklung von nachhaltigen Spitzenleistungen. Parallel dazu arbeitet er als Performance-Psychologe mit Athleten der absoluten Weltklasse, unter anderem mit Fussball- und Tennisstars, mit Olympiasiegerinnen und Weltmeistern.

Christian Marcollis Leidenschaft für Spitzenleistungen zeigt sich in all seinen Aktivitäten; in seinen Publikationen, Vorträgen sowie in seiner Tätigkeit als Berater und Executive Coach. Er berührt und inspiriert mit seiner Authentizität, Substanz und seinem Humor. Er ist preisgekrönter Autor der Business Bücher *The Melting Point, More Life, Please!, Teach Me Patience – NOW!, Equip Yourself To Be a Business Champion* sowie Band I & II von *Spotlight on Performance – Executive Inspiration*, Sammlungen seiner inspirierenden Essays.

Die *Neue Zürcher Zeitung* beschreibt die Zusammenarbeit mit Dr. Marcolli als «eine Erfahrung für das ganze Leben». Das *Developing Leaders*-Magazin schreibt: «Mit der Publikation weitreichender wissenschaftlicher Daten über die mittel- und langfristigen Auswirkungen seiner Programme hat Dr. Marcolli mehr erreicht als die Allermeisten».

Vor der Gründung von Marcolli Executive Excellence war Christian Marcolli Spitzensportler und spielte mehrere Jahre lang professionell Fussball. Nach dem Karriereende, verursacht durch schwere Knieverletzungen, erwarb er den Doktortitel in Angewandter Psychologie an der Universität Zürich (Schweiz) und spezialisierte sich auf Leistungspsychologie an der Universität von Ottawa (Kanada).

Christian lebt mit seiner Frau und seinen beiden Söhnen in der Schweiz. Seine Muttersprache ist Deutsch, er spricht aber auch fliessend Englisch, Französisch und Italienisch. Seine Programme bietet er in deutscher und englischer Sprache an.

© Dr. Christian Marcolli
1. Auflage

Texte: Dr. Christian Marcolli
Layout, Korrektorat und Druck: Engelberger Druck AG, Stans
Buchbinderei: An der Reuss AG, Luzern
Papierlieferant: Antalis AG, Lupfig

ISBN 978-3-909191-83-5
Spotlight on Performance Volume II
Printed in Switzerland
Papier: gedruckt auf ClaroBulk und
Curious Metallics Silberweiss von Antalis AG